大众心理学的开山之作

乌合之众

大众心理研究

◎[法]古斯塔夫·勒庞 著 ◎陶红亮 译

中国出版集团 现代出版社

图书在版编目（CIP）数据

大众心理研究 /（法）古斯塔夫·勒庞著 ；陶红亮译. -- 北京 ：现代出版社，（2024.5重印）
ISBN 978-7-5143-8446-8

Ⅰ. ①大… Ⅱ. ①古… ②陶… Ⅲ. ①群体心理学—研究 Ⅳ. ①C912.64

中国版本图书馆CIP数据核字(2020)第045854号

作　　者　（法）古斯塔夫·勒庞　著；陶红亮　译
责任编辑　倪艳霞

出 版 人　乔先彪
出版发行　现代出版社
地　　址　北京市安定门外安华里504号
邮政编码　100011
电　　话　(010) 64267325
传　　真　(010) 64245264
网　　址　www.1980xd.com
电子邮箱　xiandai@vip.sina.com
制　　版　冰河文化
印　　刷　三河市富华印刷包装有限公司
开　　本　880mm × 1230mm　1/32
印　　张　7
字　　数　150千字
版　　次　2020年9月第1版　2024年5月第2次印刷
书　　号　ISBN 978-7-5143-8446-8
定　　价　59.80元

前言

古斯塔夫·勒庞是法国社会心理学家、社会学家，也是群体心理学的创始人，他以自己独特的视角看到了长期以来被人们所忽视的大团体——群体，并对其展开调查和研究，最终得出了一些惊人的成果，他把这些成果付诸笔端，于是就有了这本《大众心理研究》的横空出世。本书是大众心理学开山之作，大众心理学自此开始，被社会学家、政治领袖、企业领导者等奉为金科玉律，它深刻地影响了20世纪乃至21世纪的政治人物，这也是它拥有经久不衰的魅力的重要原因之一。

勒庞以法国大革命为创作背景，提出了“暴民理论”，该观点一经问世，就引发了巨大的关注和讨论。人们之所以如此惊讶，是因为他揭露了我们自己不曾意识到的，但又真实存在的特征，它颠覆了我们对群体的普遍认知。没有人是一座孤岛，我们每个人都会在某个时间或某个地点，不可避免地融入群体。在勒庞眼中，当一个独立的个体以特定的目的进入群体中时，就会展现出一些和独立时完全不同的特征，这就是勒庞定义的群体。

正如勒庞所言，每个人融入群体之后，都会展现出和独处时完全不同的特征。比如，会缺乏理性，当理性和自我意识丧失后，个体就会变得很盲从，这就意味着他很容易受到别人的暗示。如果高智商的个体组成群体讨论某件事，那么他们的智商会下降，讨论出来的结果和普通人讨论的结果没什么两样。当个体进入群体后，他会变得情绪化，这种情绪在群体的影响下会走向两个极端，要么特别善良，要么特别凶残。比如，在作者笔下的“法国大革命”时期，社会动荡，人民的需求得不到满足，大家都站起来反抗，于是在情绪上变得极端愤怒，体现在行为上就是暴乱，这就是勒庞的“暴民理论”。

但是，勒庞对群体并不持绝对的否定态度，他并不认为群体=暴民。甚至他认为，即使是暴民，也在推动历史进程中发挥着不可忽视的作用。甚至，他还十分看好群体的力量，认为未来的时代就是群体的时代，群体的力量会所向披靡，并且势头会持续上升。这是因为，勒庞是以一个更加宏观的视角——包括横向的空间和纵向的时间——去看待群体的。

勒庞认为，历史的演变和发展，跟群体有着密切关系，正是群体的力量推动了国家传统政策的变革，因此群体的崛起，必然会带来巨大的改变。当然，这也是被人们普遍认可的观点。不过，勒庞进一步以宏大的视角看出了历史事件的根本原因，他把改朝换代、侵略战争等一系列构成历史的事件都归因于民族精神这一根本原因。他认为，任何一个民族的民众，都会受到本民族文化的影响，他们无法摆脱民族性带给他们的思维模式和情感模式。而勒庞对群体心理的研究，也都是围绕着“民族性”这一核心因素展开的。

那么，从现实角度来说，群体心理可以帮我们做些什么呢？可以这样说，群体心理是我们分析社会事件、观察人生百态的一个入口，同时为我们在更深的层面上审视自己、警醒自己、约束自己提供了非常实用的理论指导。简单来说，这本书能够帮助我们更好地认识世界、认识他人、认识自己。让我们来举一个例子。

当下，我们进入了互联网时代，互联网成了生活的必需品。但是，不知道从什么时候开始，“键盘侠”层出不穷，几乎每个接触网络的人都受过这类人的影响，但也几乎每个人都在某种情况下成为这类人中的一员，导致网络生态环境充满戾气。另外，“标题党”也是互联网时代的特定产物，新闻的真实性再度成为舆论的关注对象。不少人质疑靠标题吸引用户点击这条路能否走得长远，但是根据事实来看，大批用户尽管明白这一点，但还是会被充满戏剧化的标题所吸引，从而给“标题党”提供了广阔的生存空间。

为什么会出现上述现象呢？这个问题的答案显然是十分复杂的，而且不同的人会有不同的角度和看法。但是，如果我们从群体心理的角度去解读，或许就能得出一些更加有趣和意外的结论。并且，我们还能通过探究这些现象背后的深层次原因，认识到互联网中的自己，其实就是“网民”这个群体中的一员，群体所具有的各种特点，在我们身上都能看见或深或浅的影子。由此，我们能够更加清醒地去看待互联网中的自己，然后有意识地回归自我、回归独立。

由上述例子可知，本书虽然诞生于20世纪的法国，但是它对当下的我们依然具有现实意义。为了更充分地展现本书的魅力、发挥本书的功效，我们本着“精准翻译，内容充实”的原则对本书进行了编写，在尊重作者原意的基础上，适当地对语言进行了通俗化、简练化处理，更贴近中国读者的阅读习惯，阅读起来更加流畅。

此外，我们还增设了脚注和点评。针对文中出现的一些词汇、人物、事件、观点等，我们以脚注的形式进行了补充说明，既不影响阅读，又能帮助读者更好地理解内容。点评部分是对文章内容的总结、分析或评论，结合当前实际进行撰写，尤其贴近当前中国的现实情况，不仅能够帮助读者进一步梳理和剖析文章内容，还能让读者更好地将理论知识运用到当前的社会实际中。

总而言之，懂得了群体心理是怎样一回事，我们就可以更准确地理解过去发生的事情，更透彻地看待当下正在发生的事情，并且更有远见地预见未来可能发生的事情。因此，群体心理学的应用价值是不言而喻的。研究群体心理学的本质目的是将其更好地应用于生活、服务于人类，这个领域还有很大的发展空间，我们对此翘首以待。

目录

导言：群体的时代

第一卷　群体的性格

第一章　基本特征：性格统一律…………………… 15

第二章　群体的感情和道德观…………………… 26

群体的冲动、易变和急躁…………………… 27

群体的易受暗示和轻信…………………… 31

群体情绪的夸张与单纯…………………… 41

群体的偏执、专横和保守…………………… 44

群体的道德…………………… 48

第三章　群体的观念、推理与想象力…………………… 52

群体的观念…………………… 52

群体的理性…………………… 58

群体的想象力…………………… 60

第四章　群体信仰所采取的宗教形式…………………… 66

第二卷　群体的思想观念

第一章　群体观念的间接因素…………………… 77

种族因素……………………………… 79
传统因素……………………………… 80
时间因素……………………………… 83
政治和社会制度……………………… 85
教育………………………………… 89
第二章　群体意见的直接因素……………… 101
形象、词语和套话…………………… 102
幻想………………………………… 109
经验………………………………… 112
理性………………………………… 114
第三章　群体领袖及其说服的手法………… 118
群体的领袖…………………………… 118
领袖的动员手段：断言、重复和传染…… 126
威望………………………………… 133
第四章　群体的信念和意见的变化范围…… 143
牢固的信念…………………………… 143
群体意见的多变……………………… 149

第三卷　群体的分类及各种群体的特点

第一章　群体的分类……………………… 159
异质性群体…………………………… 160
同质性群体…………………………… 163
第二章　被称为犯罪群体的群体…………… 164
第三章　刑事案件的陪审团………………… 170
第四章　选民群体………………………… 179
第五章　议会……………………………… 191

导言：群体的时代

勒庞从这里开始，就要带领我们走进群体当中。他会用自己细腻的笔触告诉我们一个不为人知的秘密。《大众心理研究》这本书之所以历久弥新，就是因为早在一百多年前，作者就已经以先知的视角为我们道出了群体背后的故事。这是一个群体的时代，群体的力量不容小觑，让我们跟随作者勒庞一起走进群体的世界。

导言：群体的时代

提要：

1. 关于目前这个时代的演变。文明的大变革是民族思想变化的结果。

2. 关于现代人对群体力量的信念。群体的力量改变了欧洲各国的传统政策，民众是如何崛起的，群体是如何发挥力量的。

3. 关于群体力量的必然后果。除了破坏以外，群体起不到别的任何作用。衰老文明的解体是群体作用的结果。

4. 我们对群体心理学普遍都是一无所知的。

5. 立法者和政治家研究群体是非常必要的。

那些发生在文明变革之前的大动荡，如罗马帝国①的衰亡和阿拉伯帝国②的建立，乍看上去，似乎是由政治变化、外敌入侵或王朝的倾覆决定的。但是如果对这些事件进行更为细致的研究，我们就会发现那些表象背后的真正原因。这些真正原因其实都可以归结为民族精神的深刻改变。真正的历史大动荡，并不是我们所谓的拥有宏大而暴烈场面的动荡，而是受到思想、观念和信仰的影响，社会才产生了巨大的历史动荡。因此，那些令人难忘甚至载入史册的历史大事件，也不过是人类思想在潜移默化中改变的可视化结果而已。不过，这种重大事件在历

①罗马帝国分为西罗马帝国和东罗马帝国，西罗马帝国被日耳曼人灭亡，而东罗马帝国被奥斯曼帝国消灭。

②阿拉伯远征军先后占领了耶路撒冷、伊朗、埃及和利比亚等地，最后击败了东罗马在叙利亚的守军，建立起阿拉伯帝国。

史长河中屈指可数，少之又少，原因就在于民族精神的思维结构较为稳定，所以频发性的暴动在世界历史中非常罕见。

目前我们所处的时代便是人类思维精神经历转型过程的关键时期之一。

造成关键转型的根本因素有以下两点：一是宗教、政治和社会信仰遭到毁灭，而人类文明的所有要素，都根植于这些信仰之中，正是因为信仰的破灭，才使我们的精神发生了质变；二是现代工业和科学技术的出现，创造了一种全新的生存方式和思想条件。

以往的观念虽已残破不全，却依然有着十分强大的力量，不过即将替代旧观念的新观念还处在萌芽发展时期，尚未成形。双方势均力敌，所以当代仍处在一个混乱的过渡状态。

这个有点混乱的时代最终会演变成什么样子，现在还难下断语。在我们这个社会之后，为社会建立基础的又会是一些什么样的观念，目前我们仍不得而知。但已经十分清楚的是，不管未来的社会是根据什么路线加以组织的，它都必须考虑到一股新的力量。这股新生的、至高无上的力量会一直留存下去，它就是民众的力量、群体的力量。在那些已经毁坏或正在衰落观念的废墟之上，在那些经过成功革命而摧毁掉的权威观念的废墟之上，这股新生的力量异军突起，仿佛会吞并或结合其他力量。当我们古老悠久的信仰摇摇欲坠、崩塌消亡之时，当我们的社会支柱一根根倒塌之时，唯有群体的力量无可匹敌，而且会产生越发持久的影响。我们即将进入的时代，将会是一个以“群体力量”为主导的时代。

就在一个世纪之前，引起各种事变的原因，主要来自欧洲各国君主和传统政策的对抗。当时，民众的意见通常起不了关键作用，甚至说根本不起任何作用。如今，由政治势力承认的各种传统，或者统治者之间在个人倾向上的对抗，已经不能像以往一样起作用了，这些延续至今的东西正在丧失话语权，甚至可以说不再占据任何分量。比起逐渐衰落的君主权力，民众的声音渐渐取得了统治地位。它们代表了群众的行动，君主必须在意那些声音。所以随着历史的发展，决定各个国家命运的，不在君主们的国务会议[①]之中，而在民众的心里，大家各有判断。

从现实意义上来说，民众阶层进入政治生活，就从被统治阶级进入了统治阶级，地位得到了提升，因此它就是我们这个过渡时期最引人注目的特点。普选权在民众之中的大范围实行持续了很长一段时间，但是并没有产生太大效果，所谓的普选权依然没能成为把政治权利从君主手中转移到民众手中的明显特征，因此它并不像人们设想的那样美好。

由于某些观念的传播扩散，它们渐渐在人们的思维中扎根，民众的力量就是在这样的潜移默化下不断壮大的。之后，大家渐渐结成团体，致力于一些理论观念的实现。正是通过个人之间的联结，群体掌握了很多与他们的阶级利益相同的观念——即便某些观念并不是十分正当，却将好坏界定得十分鲜明，在这些利益观念中，他们渐渐意识到了自己的力量。民众还成立

①又称议会，起源于英国，是封建性质的等级会议。

了各种联合会，使旧政权、旧权威在他们面前俯首称臣、陆续屈服。

如今，群众的要求正在变得越来越明确，简直就像一定要把目前存在的整个社会彻底摧毁一样，这无非是希望退回到原始共居社会，也就是回到文明露出曙光之前的部落状态。而他们的要求无非是限制工作时间，矿场、铁路、工厂和土地全都国有化，所有产品平均分配，消灭上层阶级以维护广大群众的利益等。

群体不善于思考和推理，却急于采取行动。他们目前的组织，赋予了他们巨大的力量。我们见证了新宗教的诞生，很快新宗教也会具有旧式教条的威力，也就是那种不容讨论的、专横武断的力量。再过不久，群众的神权就要取代国王的神权了。

那些与中产阶级情投意合的作家，是民众阶层的典型代表，他们最能反映这些阶级偏狭的思想，在他们身上，我们看到了一成不变的固执、肤浅的怀疑主义及过分的自私。这种自私体现在作家们看到新势力的不断壮大就会感到深深的惊恐。为了反抗人们混乱的头脑，混淆视听，他们朝着曾经被自己所鄙视的教会势力发起绝望的诉求。他们向我们谈论着科学的破产，心怀忏悔地转向罗马教廷①，提醒我们启示性真理的教诲。

这些新的皈依者忘了，现在为时已晚。就算他们真的被神祇②所打动，也是最近才皈依的，而且另有所图。所以，他们的

①天主教会的中央行政机构。

②指天神和地神，泛指神明。

做法也不会对那些头脑产生同样的影响了，因为他们已不大关心那些使最近的宗教皈依者全神贯注的事情了。今天的群众抛弃了他们的劝说，虽然昨天他们已经抛弃并且毁灭了诸神。没有任何力量能够迫使河水流回它的源头，无论是在神界还是在人间。

事实上科学并没有破产，它从来没有陷进目前这种精神上的无政府状态，从这种状态中产生的新势力也并非科学造成的。科学许诺，它为我们带来的是真理，至少是我们的智力和理性能够把握的一些有关各种联系的知识，它从来没有许诺过要带给我们和平或幸福。它不关心我们的感情，不在乎我们的哀怨。我们只能尝试和科学生活在一起，因为没有任何力量能够恢复被它摧毁的幻觉。而人类需要科学，需要无穷的幻想，需要奇妙的想象。

在所有国家里都能普遍看到这种清晰的信号，它告诉我们群体势力的确在迅速壮大，我们以为这种迅速壮大的群体势力过不了多久就会停止增长，然而这只是一厢情愿的想法。无论未来的命运如何，我们都必须接受这种强大的势力。一切反对它的说理，都是徒劳无益的纸上谈兵。群众势力的出现，很可能标志着西方进入文明末期的某个阶段。每一次社会完全倒退回那种混乱的无政府状态时期，似乎都在预示着一个新社会的必然诞生。那么，这样的结果能被阻止吗？

到目前为止，彻底摧毁一个破败的文明，一直是群众最明确的任务，实际上这并不是现在才能找到的迹象。历史告诉我们，当文明赖以依存的道德因素失去威力时，它的最终解体总是由无意识的野蛮群体来完成的。称这些民众为野蛮人，不是没有道理的——因为创造和领导着文明的，历来只存在于少数知识贵族之中，而不在民众群体之间。群体只具备强大的破坏力，他们的规律永远是把社会形态调整到野蛮状态。而有着复杂的规章制度，从本能状态进入未雨绸缪的理性状态的文明，属于文化的高级阶段。历史事件无一例外地证明，群体如果仅靠自己，所有这些事件都是不可能实现的。这种群体力量有着纯粹直接的破坏性，所以说他们的作用就像是加速垂危者的死亡或促进死尸解体的细菌。当社会文明的结构摇摇欲坠时，使它倾覆的总是群众。也只有在这个时刻，他们的重大使命才是清晰可辨的，此时，人多势众似乎就成了唯一的历史法则。

我们的文明也会拥有同样的命运吗？这种担心并非没有根据，但是就现在的状态而言，我们还不能够给出一个明确的答复。

不管情况如何，我们注定要屈从于群体的势力，因为群体眼光短浅，他们在扩大势力的时候已经将障碍一一清除。

目前，“群体”一词已经成为热门话题，但我们对它所知甚少。专业心理学研究者的生活与群体生活相距较远，但他们对此视而不见。后来他们把注意力转向这个方向，却也只是在研究犯罪群体。毋庸置疑，犯罪群体是存在的，但在生活中，我们也会遇到英勇忘我的群体、正义善良的群体及其他各种类型的群体。犯罪性只是群体心理的一个侧面，我们不能仅仅通过群体犯罪性来了解他们的精神构成，这就像不能片面地以一个人的恶行来断定他的整体人格构成一样。

然而，从实际情况来看，大到世界上的知名人物、一切宗教和帝国的缔造者，所有的信仰使徒[①]和杰出伟大的政治家，小到一群平凡之人的小头目，都在不知不觉中成了心理学家，虽然他们没有对心理学进行细致透彻的研究，但是就群体性格而言，他们总是可以凭借出色的本能做出可靠的判断和深刻的理解。正是因为对这种性格有正确认识，他们才能够轻而易举地确立自己的核心领导地位。

拿破仑对自己所统治的国家之下的群众心理有着非凡的洞察力，但有时，他对其他民族的群体心理却缺乏了解。正是因为有这样的思维盲区，他才会在征讨西班牙时一败涂地，他的军队才会在与俄国的鏖战中损失惨重，他的国家才注定不会长久。

现如今，统治群体已经变成了一件十分困难的事，那些政治家不想再为难自己，也不希望过分受到群体的支配，他们只能从另一个角度着手，来试着理解群体心理。因此，群体心理学的知识就成了他们的最后一根救命稻草。

只有对群体心理有一定的认识，才能理解法律和制度对他们的约束是多么微不足道，才能理解除了别人强加于他们的意见，他们是多么缺乏坚持己见的能力。要想领导他们，不能采用那些

①一般指最初由耶稣基督挑选并赋予传教使命的十二个门徒。

建立在纯粹平等学说上的原则，也就是不能把他们视为和自己平等的人，而是要去寻找能让他们动心的，或者可以诱惑他们的手段。

譬如说，一个打算实行新税制的立法者，是否应该选择理论上最公正的方式呢？他才不会这样做呢！实际上，对群体来说，也许最不公正的方案才是最好的。只有既不是特别清楚易懂又显得负担最小的办法，才最易于被群体接受。因此，间接税不管规定得多么严苛，总是会让群体觉得容易接受[①]——因为每天为日常消费品支付的那一点税金，不会干扰群体的习惯，从而可以在不知不觉中汇集到资金。

但是，如果对工资或其他形式的收入征收比例税，同时规定群体一次性支付一大笔钱，那么就算这种新式的收税法在理论上比其他方案带来的负担小很多，但它仍会引起无数抗议。这是因为之前那些零星的税金被换成了相对较大的一笔，民众会对这样一笔数目的钱产生意见。其实，零星的税金只是看起来没有一次性支付那样沉重，但是要算明白这笔账需要一定的远见，而这是群体无法做到的。

上述所列举的是一个最简单的例子。人们很容易理解例子中包含的道理，它也没有逃过拿破仑这位心理学家的眼睛。但是现如今的许多立法者对群体的特点茫然无知，因而他们不能理解这一点。经验还没能让他们充分理解，人们从来不是按纯粹理性的教导采取行动的。

---

①整体上使人满意。

群体心理学还有许多其他的实际用途。掌握了这门科学，就能透过历史和经济现象做出最本质、最真切的判断，而离开了这门学问，它们就会变得不可思议。我将有机会证明，最杰出的现代史学家泰纳[①]对法国大革命中的事件也理解得不够全面，这是因为他从来没有想过去研究群体的禀性。在研究那个极为复杂的时代时，他把自然科学家采用的描述方法作为自己的指南，而自然科学家所研究的现象中，几乎没有考虑过道德因素。然而，真正构成历史主脉的，正是这种精神力量。

因此，只从应用的角度看，群体心理学就很值得研究。即使只是出于好奇，这门学问也值得人们关注。破译人们的行为动机是一件非常有趣的事，好玩的程度一点都不亚于确定某种矿物或植物的属性。我们对群体本质的研究只能算是一种简单的概括，它是我们通过观察对群体进行的总结。除了一些建议性的观点外，不必对它抱有太多奢望，因为别人包括后来者都会继续钻研，不断刷新我们的认知，扩大我们对群体的见解。今天，我们所触摸到的，不过是一片尚未开垦的处女地的表层而已。

点评：

整体来看，导言部分主要是在告诉人们，时代正在经历着大变革，我们必须要开始考虑群体的力量。虽然群体是由人构成的，

---

①泰纳，19世纪法国文艺理论家、历史学家，著有《拉封丹及其寓言》《巴尔扎克论》。

但是作为人类本身，我们常常会忽略人的作用，尤其是无数个体结合而成的群体的作用。勒庞以法国大革命为写作背景，介绍了当时社会变化的具体表现和形成社会现状的影响因素，为论述群体做铺垫、埋伏笔。可以说，只有懂得了群体心理，才能透过社会现象看到本质，才能深刻了解社会、国家、民族的运行机制。

导言部分只是本书的引子，对社会现状和人性剖析的精彩之处在后面的章节中比比皆是。不可否认的是，这本书之所以能够历久弥新，就是因为勒庞对群体特征和社会现状有着超乎常人的分析和阐述，因此本书成了很多学者研究、学生升学的必备书籍。群体是乌合之众，他们一哄而散，随风飘走；他们近乎狂热，丧失理智……请跟随本书，一起走进群体的奇妙世界吧！

第一卷 群体的性格

本卷针对群体的性格做出了具体阐述。作者从群体的定义、群体的心理特征、群体的情感波动、影响群体的因素等几个方面，分别向我们展示了心理学意义上的群体究竟是怎样的。当独立的个体融入群体中，他们究竟会变成什么样子？让我们和作者勒庞一起走进群体的心理世界。

第一章　基本特征：性格统一律

提要：

1. 本章主要是从心理学角度来定义群体的构成。

2. 群体并不一定就是那些密密麻麻的众人聚集在一起。

3. 群体心理的特征。

4. 群体中个人固有的思想感情发生的变化及他们个性的消失。

5. 群体总是受着无意识因素的支配，大脑活动消失殆尽，脊髓活动占据统治地位[①]，智力出现下滑，感情波动明显，有时彻底变化。

6. 不过这种变化了的感情，既可以比那些群体中的个人感情更好，也可以比它更糟。当情绪变好或氛围好转时，群体就会英勇无畏；当情绪低沉或气氛下降时，群体就很容易出现暴力犯罪等情况。

从平常的含义上说，“群体”一词是指聚集在一起的人的集合，他们是什么民族、什么职业、什么性别都无所谓，是什么事情让他们聚集到一起的也不重要。但是从心理学的角度来看，“群体”一词的含义却完全不同。在某些既定条件下，并且只有在这些条件下，一群人总会表现出一些全新的特点，这些特点不同于组成群体的个人所具备的特点。当人们聚集起来形成群体，他们的情感和思想就全部集中在一起，形成相互统一的倾向，同时他们明显的自我意识性消失了，一种集体心理就此形成。虽然这种心理无疑是暂时的，也许会随着群体的解散而消失，但是它非常明确地传达了某些个性上的特点。我想

①失去了自己的独立性和自我思考能力。

用一种更好的表达方式来总结这种奇特的现象：人们聚集起来之后，会进入一种“群体化组织”的状态，如果换一个更好的词，就是“心理学意义上的群体”。它就像一种特殊的生命体，形成了一种独特的人格，这在任何群体之中的任何一名成员身上都是找不到的。别看它极其特别，但也要受到群体精神统一法则的支配。

可以肯定的是，人们偶然地聚在一起[①]，并不意味着他们组成了一个群体化的组织。例如，一千个个体无意识地出现在公共场所，如果没有特定的目的，就称不上是心理学意义上的群体。要想具备群体的特征，就得有某些前提条件起作用，我们必须对它们的性质加以确定。

自觉的个性消失，以及感情和思想的统一，是即将要变成组织化群体的人所表现出来的首要特征，但这并不一定意味着人们必须出现且聚集在同一个场所或地点。有时，在某种特定的时刻，比如发生了轰动全国的大事件时，即便身处各处，成千上万个独立的个体也会获得某些心理群体的特征。在这种情况下，一个偶然事件就足以使他们闻风而动聚集在一起，从而立刻获得群体特有的行为属性。有时，五六个人就能构成一个心理群体，而数千人偶然聚在一起却不会产生任何群体行动。从另外一个角度来看，虽然不可能看到整个国家的人聚在一起，但在某些影响的作用下，它也会变成一个群体。

---

①比如在火车站的人群，他们因为没有特定的目的，因此不能算作群体。

心理群体一旦形成，就会出现一些虽然短暂，但又十分明确的普遍特征。除了这些共性外，它还会有一些特性，即特定群体的心理结构的特点因群体构成的不同而不同。因此，对心理群体进行分类并不是一件困难的事情。当我们深入研究这个问题时就会发现，一个异质性群体（即由不同成分组成的群体）会表现出一些与同质性群体（即群体内人员有大致相似的成分，如宗派、阶层所组成的群体）相同的特征，除了这些共同特征外，它们还各自具备一些独有的特性，从而使这两类群体有所区别。

不过在深入研究同质性群体、异质性群体等不同群体之前，我们必须先了解并考查一下它们的共同特点。我们可以像自然科学家一样，着手从事这项工作。我们注意到，他们也总是先描述群体各成员普遍或共同具有的特点，也就是普遍性，然后再集中研究各自的特点，也就是特性。正是因为特性，才更好地区分属和种①。

要想对群体心理做出准确的描述并不容易，原因在于群体的组织形式不仅会因为民族和成分构成而具有差异，还会因为群体成员的本性和其所受的刺激因素支配而不同。由此可见，群体心理的影响因素太多，不好研究。不过，即便是研究个体心理，也依然不是一件容易的事，也会遇到同样的问题。毕竟，一个人终其一生保持性格不变的事情，只有在小说里才能看到。只有环境的单一性，才能造就明显的性格单一性。我曾在其他

①生物学中，将物种按照“界、门、纲、目、科、属、种”来分类。比如小麦，就是植物界、种子植物门、单子叶植物纲、禾本目、禾本科、小麦属、小麦（种）。

著作中指出，一切精神结构都包含着各种性格的可能性，而环境的突变会使这种可能性表现出来。这就解释了为什么正常环境下那些平和、善良、正直的官员，会在国会上变成最野蛮的证人或最疯狂的法官。但是在经历了一场风暴后，他们又恢复了平常的性格，成为安静而守法的公民。拿破仑就在他们中间为自己找到了最恭顺的臣民。

当然，由于篇幅限制和客观原因，我们不可能囊括所有群体，也不可能针对群体的演变过程做出深刻细致的研究，因此我们仅仅专注于研究那些已经达到组织化状态的群体。用这样的方式，我们就可以明白，群体可能会变成任何样子，而不只是一成不变的样子。只有在组织化的这种高级阶段，民族中恒久的和占支配地位的性格才会拥有某些特定的、崭新的、独特的特点。这时，集体的全部感情和思想中所显现出来的变化，就会表现出一个明确的方向。只有在这种情况下，我前面所说的群体精神统一性的心理学规律才开始发生作用。

在群体的心理特征中，有一些可能与独立的个人没什么不同，而有一些只能在群体身上看到，它们是群体所独有的。我们研究的首先就是这些特征，以便揭示它们的重要性。

一个心理群体表现出来的最惊人的特点如下：不管是谁，不管个人的生活模式、职业、性格或才智相同与否，进入群体这个事实就会让他们拥有某些群体意识，这种群体意识使他们的感受、思想和行为变得跟他们单独一人的感受、思想和行为等状态完全不同。也就是说，无论是谁，都会被群体同化，也会被群体的性格束缚住手脚。甚至我们可以认为，如果不是因为融入了一个群体，某些情感在个人身上是根本不会出现的，更不用说去行动了。心理群体是一个由异质成分组成的暂时现象，当它们结合在一起时，就像临时组成了一个生命体的各种细胞一样，会表现出一些特点，它们与单个细胞所具有的特点大不相同。

我惊奇地发现，人们对群体的某些观点，竟然与一位敏锐的哲学家——赫伯特·斯宾塞[①]所持的态度相反。人们认为，群体的聚合并不是构成因素简单地相加或求一个平均值，而是发生了一些化学反应，产生了新物质。就像某些化学元素，如碱和酸，在相互结合之后发生反应，然后就产生了一种跟原本物质的性质完全不同的物质[②]。

要想证明独立个体进入群体之后会变得有多么不同，或者会发生多大的变化，其实并不困难，困难的是要找出这其中的原因。

要想多少了解一些原因，首先必须记住现代心理学所确认的真理，即无意识现象不但在有机体的生活中支配着生理现象，而且也主宰着意识的运行，这种无意识活动一直发挥着一种完全压倒性的作用。与精神生活中的无意识因素相比，有意识因素只起着很小的作用。最细心的分析家和最敏锐的观察者，充其量也只

---

①赫伯特·斯宾塞（1820—1903），英国哲学家、社会学家、教育家，有“社会达尔文主义之父”之称。著有《教育论》《心理学原理》《人口理论》等。

②酸和碱中和反应生成盐和水，生成物质的性质跟原本物质的性质完全不同。

能找出一点支配他的行为的无意识动机。我们有意识的行为，是深层心理结构无意识运行的产物，而这种无意识更多来自先天遗传因素。这个深层结构中包含着世代相传的众多共同特征，它们构成了一个民族的先天禀性。在那些可以说出来的行为动机的背后，一定还隐藏着我们未曾说出的原因，而这些秘密动机的背后，还藏着许多连我们自己都一无所知的神秘原因。我们大部分的日常生活行为，都是一些无法细致观察和探索的隐蔽动机的结果。它们隐藏在生活的细微之处，不易被人们察觉。

无意识构成了民族的先天禀性，所以同属于该民族的个人之间是十分相似的。换句话说，同一个国家的人都很像。造成他们之间有所差异的，主要还是个性中有意识的方面——这种有意识实际上是教育的产物，但从更广的层面来看，还是依赖于独特的遗传条件。人们虽然在智力上有明显的差别，但是在本能、情绪、感情上，人们之间并没有悬殊的差距。在关乎情感或感性的这一领域，包括宗教、政治、道德、爱憎等在内，最伟大、杰出的人并不比凡夫俗子、下里巴人高明多少。简而言之，在智力上，一个厉害的数学家可能与一个鞋匠存在着天壤之别，但是从情感构成或性格角度来看，两者的差别微乎其微，甚至根本没有差别。

性格上普遍存在的共性特征，会受到我们无意识因素的支配，一个民族中的大部分人基本都处于同一个水平。我认为，这些共同特征就是群体的共同属性。在群体心理中，个人的才智被削弱了，从而他们的个性也被削弱了。异质性被同质性所吞没，无意识的品质占据了主导地位。

群体一般只具备很普通的品质或才能，这一事实解释了为何群体不能完成需要拥有很高才智的工作。当各领域的专家和名人在议会上讨论涉及普遍利益的决策时，他们得出的方案并不比一群平庸之人通过的方案有任何可以被感知到的优势。实际上，他们通常只能忍受着各自的平庸，继续着自己的工作，平庸的权利是每一个普通人生来就拥有的。群体并不是智慧和聪明才智的集合，而是愚蠢的叠加。人们常说，整个世界肯定比伏尔泰①有智慧，如果这个语境中的“整个世界”指的是群体，那么倒不如说伏尔泰比全世界聪明。

如果群体只是将那些独立个体所展示出来的普通品质集中在一起，那么这只会带来明显的平庸，而不会像我们所想象的那样。但是这时，群体身上却出现了一些新的特点。这些新特点是如何形成的呢？这就是我们接下来要研究的问题。

群体形成新特点的原因可以归结为以下三个：第一个原因是，群体的集合会让个体在数量上产生一种认知，那就是仿佛拥有一种势不可当的力量，这种认知足以使他勇敢地表达和发泄自己的欲望——而这种情况在他独自一人时，只能通过克制或压抑的方式来解决。在群体中，一个人很容易这样想：群体中的人这么多，谁也不知道谁，具有匿名性，我也不必承担什

①伏尔泰（1694—1778），本名弗朗索瓦－马利·阿鲁埃。法国启蒙运动时期著名的思想家、文学家、哲学家。著有《哲学通信》《老实人》等。

么责任。这样一来，自己就从群体中得到解脱，而长久以来一直约束着个体的责任感也就消失殆尽。

第二个原因是传染性。传染这种现象，对群体的特点起着决定性作用，同时支配着群体的行为倾向。传染虽然是一种很容易确定其是否存在的现象，但是不易解释清楚。要想很好地理解，不如把它看成一种催眠方法，下面我们很快就会针对这一现象进行研究。在群体中，每种感情和行动都有传染性，其传染的程度足以使个人随时准备为集体利益牺牲个人利益。奇怪的是，这是一种与个体的天性极为对立的倾向，如果不是成为群体的一员，个体很少可以做出这么大的牺牲。

决定着群体特点的第三个原因，也是最重要的原因，就是易于受暗示性。个人进入群体之后，会变成跟以前的自己截然相反的人，导致这种现象的罪魁祸首正是这种特性。就连上面提到的传染性也是易受暗示性导致的结果。

要想理解这种现象，就必须了解一些最新的心理学研究发现。今天我们已经知道，人们可以使用一些特殊手段使个体失去独立的自我性，从而被导入一个无意识的状态，对那些使自己暂时失去人格的施术者唯命是从，还会做出一些同他的性格和习惯极为矛盾的举动。最为科学细致的观察似乎已经证实，无论是融进群体之后被磁场所“催眠”，还是一些我们不得而知的特殊原因，在群体中待了一段时间之后的个体会进入一种特殊状态。这种特殊状态就像人们在催眠师的施法后沉浸在某种迷幻之中一样。人们在这种状态下，大脑被麻痹，思维意识活动瘫痪，变成了一个受催眠师随意支配的、受脊髓神经[①]的无意识支配的奴隶，有意识的人格消失得无影无踪，意志和辨别能力也不复存在。

从整体上来看，在心理意义上的群体中，个人也经常处于这种状态。个体无法意识到自己做了什么，也不在乎自己的行为是否合适，他就像受到催眠的人一样，个体的能力被破坏，同时另一些能力却有可能得到极大的强化。在某种暗示的影响下，他会因为难以抗拒的冲动而采取某种行动。群体中的这种冲动，比被催眠者的冲动更难以抗拒，这是因为暗示对群体中的所有个体有着同样的作用，很多个体都在暗示中获得了冲动，而在群体的相互影响下，这种力量一定会变得庞大无穷。

在群体中，具备强大的个性以至于可以抵制催眠师暗示的个体寥寥无几，因此根本无法逆流而动。他们充其量只能因不同的暗示而改弦易辙。例如，有时只需要一句悦耳的言辞或一个不经意的微笑，便可以阻止群体做出最血腥的暴行，像这样的案例还有很多。

现在我们知道了，有意识人格的消失，无意识人格的得势，思想和感情因暗示和相互传染作用而转向一个共同的方向，以及立刻把暗示的观念转化为行动的倾向，是组成群体的个体所表现出来的主要特点。他不再是他自己，而是变成了一个不再受自己意志控制的机器。

---

①当脊髓受损时，人体会出现很多不受控制的无意识行为，譬如下肢瘫痪、大小便失禁等。

进一步说，单单是人们变成组织化群体当中的成员这个事实，就能使一个人在文明的阶梯上倒退好几步。独处时，他可能是个有修养、有学问的人，但在群体中，他却变成了野蛮人——甚至可以说变成了一个行为受本能支配的动物。他表现得身不由己，残暴而狂热，也表现出原始人的热情和英雄主义的本能。和原始人更为相似的是，他甘心让自己被各种言辞和形象所打动（当这些成员脱离群体单独生活时，这些言辞和形象根本不会产生任何影响），他会情不自禁、没有原因地做出那些看起来不可思议的举动，而这些举动竟然违背了自己原本显而易见的利益或再熟悉不过的习惯。一个在群体中的个体，不过是水中的浮萍，众多沙粒中的一颗，可以被风吹到任何地方。

正是因为上述原因，人们才会看到陪审团做出了任何一个成员都不会赞成的判决，议会实施着任何一个议员都不可能同意的法律和措施。法国大革命时期，国会的委员们在私下里都是举止温和的开明公民，但是当他们结成一个群体时，就毫不犹豫地听命和支持于最野蛮的提议，把完全清白无辜的人送上断头台，并且一反自己的利益，放弃自己那些不可侵犯的权利[①]，为大规模的自我屠杀做好了一切准备。

就像我们所说的行为倾向一样，个体在进入群体之后，改变的不仅仅是行为，在被群体完全同化、失去独立性之前，人们的情感和思想就已经发生了变化。这种变化进行得非常彻底、深刻，以至于它可以让一个守财奴变得挥霍无度，把怀疑论者

①国会议员们本来拥有豁免权，意思是指不会因为言论不当而受到惩罚，但是在国会会议上，议员们投票表决放弃了这项权利。

改造成信徒，把老实人变成罪犯，把懦夫变成豪杰。1789 年 8 月 4 日那个值得纪念的晚上，法国贵族只因一时的激情澎湃、豪情满怀，便毅然决然地放弃了自己本可以拥有的特权。但是我们换一种思路，如果他们每个人在私下里单独去考虑这件事，我想谁也不会做出这种愚蠢的行为的。

从以上讨论中我们可以知道，群体在智力上总是低于独立的个体，但是从情绪和感情所激发起的行动这一角度来看，群体可以比个体表现得更好或更差，这需要视情况而定，因为一切取决于群体所接受的暗示具有什么性质。如果仅从犯罪角度来研究群体，就代表有的学者并没有完全搞懂心理学意义上的群体到底具备哪些特点。单从暴力犯罪的一面看待群体，未免有些以偏概全了。

值得注意的是，虽然群体犯罪也经常出现，但是他们常常具备英雄主义特征，也比独立的个体更具有煽动性。正是因为有了群体，成员们才会为了心中的信念不顾一切地慷慨赴难，为了维护信仰而英勇赴敌、保卫荣耀，怀着赢得荣誉的热情赴汤蹈火，就像十字军时代[①]那样，在几乎全无粮草和装备的情况下向异教徒讨还基督的墓地，或者像 1793 年那样捍卫自己的祖国。毫无疑问，这种英雄主义有着无意识的成分，然而正是这种大无畏的英雄主义创造了历史。试想，如果人民只会以最具有逻辑和

①是一系列在罗马天主教教皇的准许下进行的、持续近二百年的、有名的宗教性军事行动，由西欧的封建领主和骑士以收复阿拉伯穆斯林入侵占领的土地的名义对地中海东岸国家发动的战争，前后战争共计九次。十字架是基督教的象征，因此每个参加出征的人胸前和臂上都佩戴“十”字标记，故称“十字军”。

最冷静的方式干大事，那么世界史上便不会留下多少重大事件的记录了。

点评：

从第一章开始，作者便开门见山地提出了“群体”在心理学上的定义。通过敏锐的观察，作者在“群体心理”领域总结出了体系化、系统化的观念，开启了群体心理研究的全新局面。虽然勒庞的一些观点并不符合当下的现实，但是这并不妨碍我们去学习他在大众心理研究中的精华。在这一章中，勒庞介绍了群体的特征，并通过引用历史事件让读者更加清晰地了解群体的特征，直观透彻，虽文字浅显，但内容深刻。

第二章　群体的感情和道德观

提要：

1. 群体具有冲动、易变和急躁的特点。所有刺激因素都对群体有支配作用，并且对不断发生的任何变化产生相应的反应。由于群体比较冲动，因此他们不会深思熟虑。同时，这样的特质受到了民族因素的影响。

2. 群体易受暗示和轻信。群体受暗示的影响，把头脑中产生的幻觉当成现实。为何这些幻觉对组成群体的所有个体都是一样的？群体中有教养的人和无知的人没有区别。群体中的个人受幻觉支配的实例。史学著作的价值微乎其微。

3. 群体情绪的夸张与单纯。群体不允许怀疑和不确定，他们的感情总是走极端。

4. 群体的偏执、专横和保守。这些感情的缘由。群体面对强权卑躬屈膝。一时的革命本能不妨碍他们极端保守。对变化和进步的本能敌视。

5. 群体的道德。群体的道德可以比个体高尚或低劣。解释与实例。群体很少被利益的考虑所左右。群体的道德净化作用。

在概括地说明了群体的主要特点之后，还要对这些特点的细节进行研究。

应当指出，群体的某些特点，如冲动、急躁、缺乏理性、没有判断力和批判精神、夸大感情等，几乎总是可以在低级进化形态的生命中看到，如妇女、野蛮人和儿童。不过对于这一点，我只是顺便说说，对它的论证不在本书的范围之内。再说，对熟悉原始人心理的人我也大可不必说，这对人类来讲没有什么用处，而对此事一无所知的人来说，也很难让他们相信。

现在我就按部就班地讨论一下上述那些可以在大多数群体中看到的不同特点。

群体的冲动、易变和急躁

我们在研究群体的基本特点时说过，它更多时候几乎完全受着无意识动机的支配。也就是说，它的行为主要不是受大脑的影响，而是受脊髓神经的影响。在这个方面，群体与原始人非常相似，原始人的行为也基本受到了脊髓的控制[①]。虽然针对他们的表现而言，他们可以十分完美，然而这些行为并不受大脑的支配，

①作者认为群体中的人是不受大脑支配的，而是受脊髓支配。

个体是按照他所受到的刺激因素决定自己的行动的。所有刺激因素都对群体有控制作用，并且会随着外界的不断变化而变化。群体是外来刺激因素的奴隶。孤立的个体就像群体中的个体一样，也会受刺激因素的影响，但是他的大脑会向他表明，受冲动的摆布是不可取的，因此他会约束和控制自己不受摆布。这个道理可以用心理学语言表述如下：孤立的个体具有主宰自己反应行为的能力，群体则缺乏这种能力，变得十分盲目。

根据让群体产生兴奋的诱因，群体的表现也会大不相同。他们所服从的各种冲动可以是豪爽的，也可以是残忍的；可以是勇猛的，也可以是懦弱的。但是这种冲动总是极为强烈，因此即便是个体利益甚至是生命利益，也难以支配他们。刺激群体的因素多种多样，群体总是屈从于这些刺激，因此他们也极为多变。这就解释了我们为什么会看到，他们可以在转眼之间就从最血腥的狂热变成最极端的宽宏大量和英雄主义。群体很容易做出刽子手的举动，同样也很容易慷慨就义。这就是群体，为每一种信仰的胜利不惜血流成河。若想了解群体在这方面能做出什么事情，不必回顾英雄主义时代。因为他们在起义中从不吝惜自己的生命，就在不久以前，一位突然名声大噪的将军，可以轻而易举地征集上万人，只要将军①一声令下，成千上万的人就愿意为他的事业牺牲性命。

---

①指布朗热将军。19世纪80年代在法国以G. 布朗热将军为首掀起了民族沙文主义运动。

由于冲动性，群体根本不会做任何预先策划。他们可以先后被最矛盾的情感所激发，但他们又总是受当前刺激因素的影响。他们就像被风暴卷起的树叶，向着不同的方向飞舞，然后又慢慢地落在地上。下面我们研究革命群体时，就会举出一些他们感情多变的事例。

群体的这种易变性使他们难以被统治和管理，在公共权力落到他们手里时尤其明显。一旦日常生活中各种必要的事情不再对生活构成无形约束，民主政府便几乎没有存在的可能了。此外，群体虽然有着各种狂乱的愿望，但是不能持久。他们没有能力做任何长远的打算或思考。

群体不仅冲动，而且多变，就像野蛮人一样。他们不承认，或者说不允许愿望和实现愿望之间会出现任何障碍，他们没有能力理解这种中间障碍，因为数量上的强大使他们感到自己势不可当。对群体中的个体来说，“不可能”这一概念消失了，每个成员都拥有无穷大的力量。独立的个体清楚地知道，在孤身一人时，他不能焚烧宫殿或洗劫商店，即使受到各种各样的诱惑，他也会拼尽全力抵制这种诱惑。但是在成为群体的一员时，他就会意识到人数赋予自己的力量，这足以让他立刻屈服于这种诱惑，产生杀人劫掠的念头。那些阻挡其实现愿望的障碍会被狂暴地摧毁。人类的机体的确能够产生大量狂热的激情。因此，我们可以断言，愿望受阻的群体所形成的正常状态，也就是这种激愤状态。

民族的基本特点是我们产生一切情感的固定来源，这种基本特点也总是会对群体的急躁、冲动、多变等情感产生影响，正如我们的民族特征一定会影响到我们所研究的一切大众感情一样。民族的基本特点是所有情绪的源泉，或者是根源。所有群体无疑总是急躁而冲动的，不过在程度上，每个群体都大不相同。例如，拉丁民族的群体和英国人的群体就有着十分显著的差别。法国现代史上发生的事情能够为这一点提供生动的说明。一份似乎是在侮辱某位大使的电报曝光，事情虽小，但足以触犯众怒，结果就是这份电报立刻引起了一场可怕的战争①。几年后，关于谅山战役一次无足轻重的失败电文，又再度激起人们的怒火，由此导致政府立刻垮台。同时，英国远征喀土穆②时遭受了一次非常严重的失败，却只在英国引起了轻微的情绪，甚至连大臣都没有被撤职。

任何地方的群体都有些女人气，拉丁族裔群体的女人气最为旺盛，凡是赢得他们信赖的人，命运就会立刻随之大变。但是这样做，无一例外地等于是在悬崖边上散步，说不定哪天就会跌入深渊。

点评：

当我们独处时，我们的情绪是平静而和缓的，但是如果我们置身在群体之中，就很容易受到“群体心理”的影响，情绪会明显起伏，行为也会变得更加盲目。这就是为什么游行示威的人总

①这场战争指普法战争。

②苏丹共和国的首都。

是易于激动，总会不经思考地做出一些冲动的行为，狂暴易怒。在这其中起决定性作用的不仅是无意识的力量，还包括行为诱因、民族劣根性等。

想必大家对“键盘侠”一定有所了解，他们依靠网络的匿名性特点，随意辱骂别人，肆意散布谣言；又或者煽动群众随大溜，造成“集体愤怒”，从而“巧妙”地掩盖事件的真相，这实际上就是群体心理的应用和表现。要想保持自己的理性判断，不被舆论所左右，我们就要修炼出自己强大的内心和意志，时刻提醒自己保持冷静，不要被一时的言论冲昏头脑。

总而言之，要想彻底理解群体心理的这些特点，我们就需要将生活中的事物跟其联系起来，多去感受，多去观察，这样不仅能更好地理解群体，也能帮助我们更好地了解自己。

群体的易受暗示和轻信

我们在定义群体时说过，它的一个普遍特征是极易受人暗示。同时还强调了在一切心理意义上的群体中暗示所具备的传染性所能达到的最大限度，这个事实就为大众解释了为什么在群体的影响下，形势可以迅速转变，而群体的感情也可以朝某个方向迅速转变。也许在人们眼中，这个态势看起来无足轻重，但毋庸置疑的是，群体通常总是处在一种期待被人们关注的状态中，因此很容易受人暗示。一旦第一波暗示形成，它就会通过相互传染，迅速进入群体中所有成员的头脑当中，群体感情的一致倾向会立刻变成一个既成事实。

正如那些被暗示或催眠的人们所表现出来的一样，进入大脑的信息很容易变成行动倾向。无论这种行动是纵火焚烧宫殿还是自我牺牲，群体都会在所不辞。这一切都取决于刺激因素的性质，而不再像单独的个体那样，他们行动与否取决于那些暗示要求自己做什么，以及遏制行动的很多对抗性因素。

于是，群体永远漫游在无意识领地，随时听命于一切暗示，表现出像没有理性约束力的生物那样特有的激情，他们失去了一切批判能力，除了极端轻信外再无别的可能。在群体中间，不可能的事不可能存在，就像前面所说的，“不可能”这个概念消失了。要理解为什么群体可以轻易相信那些子虚乌有、道听途说的神话或故事，我们最好牢牢地记住这一点。

一些可以轻易在群体中流传的神话之所以能够产生，不仅是因为成员们极端轻信，也是事件经过人们的想象力的加工和曲解之后造成的后果。在群体众目睽睽之下发生的最简单的事情，不久就会变得面目全非。群体是用形象来进行思维的，而形象本身又会立刻激活与它毫无逻辑关系的其他一系列形象。我们只要想一下，有时我们也会根据一件既定事实而在脑海中幻想出一系列奇怪的念头，就很容易理解这种状态。理性告诉我们，它们之间没有任何关系。但是群体对这个事实熟视无睹，依然把歪曲的想象力所引起的幻觉和真实事件混为一谈。群体很少对主观和客观加以区分，把头脑中产生的景象也当成现实，尽管这个景象同观察到的事实之间几乎没有什么关系。

群体中的个体对自己看到的事件进行歪曲的方式，似乎又多又杂，各不相同，所以我们会认为这些幻觉应该会有很多不同的版本。但是实际上，我们错了。虽然组成群体的成员有着非常不同的倾向，但是传染性会让大家的想法趋同，群体中的所有成员会表现出相同的状态，而每个成员口中的故事都会变成同一个。

群体中的某个人对真相的第一次歪曲，是传染性暗示过程的起点。当所有的十字军官兵看到耶路撒冷墙上的圣乔治[①]时，在场的人中肯定有一个人首先感觉到了他的存在。在暗示和相互传染的推动下，一个人编造的奇迹，或者说幻觉，立刻就会被所有人接受。

历史中，出现集体幻觉的机制历来如此。这种幻觉似乎具备公众所肯定的真实性的特点，因为它是被成千上万人观察到的现象。

也许你会反驳我说，不一定是这样的，群体成员中一定有高明之士，他们一定可以分辨出来的。如果你这样想，那么你就错了。我来告诉你，没有必要考虑组成群体的个体的智力品质。这种品质无足轻重。从他们成为群体的一员那一刻起，博学之士便和白痴一样失去了观察能力。

这个观点不仅说不通，而且不太符合人们的认知。如果想消除人们的疑虑，就必须研究大量的历史事实，即使写下好几本书，也不足以让大家明白。

但是我不想让读者觉得这是些没有得到证实的主张。因此，

---

①圣乔治，基督教的著名烈士、圣人。经常以屠龙英雄的形象出现在西方文学、雕塑、绘画等领域。

我要举出几个实例，它们都是从可以引用的无数事例中随机挑出来的，可以保证事件的随机性。

下面是个最典型的实例，就是因为集体幻觉而使群体全部成员变成牺牲品的。这些群体中的成员，既有最无知的，也有最渊博的，当然也有介于两者之间的。一名海军上尉朱利安·费利克斯在他所写的《海流》一书中随口提到了这件事，《科学杂志》也曾引用过这个案件。

护航舰“贝勒·波拉”号本来和母舰“波索”号在一起，然而一场风暴过后，两只船舰走散，“贝勒·波拉”号在公海游弋，想寻找巡洋舰。当时是一个阳光灿烂的大白天，值勤兵突然发现前方发出了船只遇难的信号。所有官兵顺着信号指示的方向望去，每个人都清楚地看到一只发出遇难信号、载满了人的船，船上的人看起来都很痛苦。然而这不过是一场集体幻觉。德斯弗斯上将命令放下一条船去营救遇难者，在靠近目标的过程中，船上的官兵都看到了“一大群活着的人，他们伸着手”，能够听到许多混乱的声音在哀号。但是在到达目的地时，船上的人却发现自己要“营救”的不过是几根长满叶子的树枝，它们是从附近的海岸漂过来的。官兵们直到看到实物，才意识到自己刚才产生了幻觉，而也是直到这一刻，他们的幻觉才消失殆尽。

这个事例清楚地为我们展示了集体幻觉的作用机制。一方面，我们看到一个在高度期待的状态中观望的群体；另一方面，瞭望员在这个群体中发出了“海上有遇难船只的信号”这样一个暗示，在相互传染的过程中，这一暗示被当时的全体官兵所接受。

歪曲眼前发生的事情，真相被与它无关的幻觉所取代——群体中出现的这种情况，不一定需要多大的规模或众多人数。只要几个人聚集在一起，就能形成一个群体，即便他们全都是博学之士，在他们的专长之外同样会表现出群体的所有特点。他们每个人所具有的观察力和批判精神就会马上消失。敏锐的心理学家达维[①]先生为我们提供了一个跟此问题相关的有趣案例，最近的《心理学年鉴》一书中提到了这件事。

达维先生把一群杰出的观察员召集在一起，其中包括英国最著名的科学家之一华莱士先生。达维先生让他们审查物体并根据自己的意愿在物体上做出标记，然后当着他们的面演示了精神现象——也就是灵魂现形的过程，并让他们把这个现象记录下来。当达维拿到他们的报告时，上面的内容竟然出奇地一致。大家都认为这个现象是真实存在的。达维向他们表示，这个结果只不过是自己使用了一些小把戏而已。“达维先生的这项研究最令人吃惊的地方”，事件记录者说道，“不是骗术本身的神奇，而是外行目击者提供的证言是如此不可信。所以显而易见的是，目击者会众口一词、惟妙惟肖地描述他们自认为正确，但实际上完全错误的事实。如果我们相信他们所说的是真的，就能得出一个很简单的结论：那是灵异现象，而不是魔术。达维先生的魔术手法非

①达维，苏联心理学家。

常简单，甚至可以说是粗糙，以至于人们对他竟然采用如此简单的方法而感到吃惊。不过他具备支配群体思想的能力，因此才让他们相信自己看到了并没有看到的奇异现象。”

这里我们再次感受到了催眠师对被催眠者的影响力。从达维先生的案例中我们可以看出，这些人都有着严谨的逻辑思维，而且都被事先提醒不要轻易相信，但这种能力依然可以发挥巨大作用，那么它能轻易让普通群体上当受骗，也就不足为怪了。

类似的例子数不胜数。在我写下这些文字时，报纸上充斥着两个小女孩在塞纳河溺水身亡的报道。六个目击者言之凿凿地说，他们认出了这两个孩子。所有的证词如出一辙，不容预审法官再有任何怀疑。检察官签署了死亡证明。但就在人们为孩子举行葬礼时，在偶然之间人们突然发现，本来以为死了的两个小女孩仍然活着，并且她们和溺水而死的人在长相上并没有多少相似之处。就像前面提到的事例一样，第一个目击者就是幻觉的牺牲品，他的证词足以对其他目击者产生影响。

在这类事情中，暗示的起点一般都是某个人多少有些模糊的记忆所产生的幻觉，在最初的幻觉得到肯定之后，就会引起相互传染[①]。如果第一个观察者非常感性，他就会相信，除了真的很像外，自己还能从尸体上找到别的一些特征——譬如一块伤疤，或者某些首饰等装束上的东西，让其他人认同自己的想法。其他人在被动接受的过程中会形成同感，而这种同感又会变成一个肯定过程的核心，它会征服理解力，将一切判断力扼杀在

①在后文中，这种相互传染变成了一种交互感染的机制，变得体系化。

摇篮里。观察者这时看到的不再是客体本身，而是他头脑中产生的幻象。因此，用这种方式我们就可以解释，为什么亲生母亲会认错自己孩子的尸体，也可以解释接下来的例子。这个例子发生在很久之前，不过最近又被报纸重新提及。从这件事中，我们可以看到我在上面指出的传染机制。

“一个孩子认出了这个孩子的尸体，但是他搞错了。然后一系列毫无根据的辨认过程就开始了。

“一件不同寻常的事发生了。在他辨认尸体的第二天，一个妇女喊道：‘天哪，那是我的孩子！’

“她被人们带到尸体旁，观察他的衣服，又看看他额头上的伤疤。‘这肯定是我的儿子，’她说，‘他去年 7 月失踪。他一定是被人拐走杀害了。’

“这女人是福尔街的看门人，姓夏凡德雷。她的表弟也被叫了过来。问到他时，他说：‘那是小费利伯特。’住在这条街上的好几个人，也都一致认为那个在拉弗莱特找到的孩子就是费利伯特·夏凡德雷，其中这个男生的同学，是根据尸体上的徽章辨认出来的。

“但是，邻居、表弟、同学和母亲全搞错了。六周后，那孩子的身份得到了确认。他是波尔多人，在故乡被人杀害，又被一伙人运到了巴黎。”

在这里，我应该指出，产生这种误认的大部分都是妇女和儿童——也就是最感性的人。他们的行动也向我们表明，这种目击者在法庭上不会有什么价值，尤其就儿童而言，绝不能用孩子的证词来决定被告的命运，还不如用掷硬币的方式来得合理。

让我们继续回到群体的观察力这个问题上来。我们的结论是，群体观察极可能出错，大多数时候，事实会在传染过程中掺杂同伴的个人幻觉，从而具有迷惑性。各种事实都证明，群体的证词非常不可信，有时候会达到无以复加的程度，所以还是应当完全舍弃这种集体证言。1870年的色当一役[①]，有数千人参与了著名的骑兵进攻，大家在战场上一马当先，都是战争的承担者，但是面对那些最为矛盾的目击者证词，根本不可能确定谁是始作俑者，谁在指挥这场战役。英国将军沃尔斯利[②]爵士在最近的一本书中证明，关于滑铁卢战役中一些最重要的事件，至今一直有人犯着最严重的事实错误——这是一些由数百人证明过的事实。

这些事实向我们证明了群体证词的价值所在。逻辑学文章告诉我们，人数最多的证词拥有最大的效力，可以被公认为确保事实性的最强证据。然而大众心理学知识告诉我们，在这个问题上，那些逻辑学文章需要重写。目击证人最多的事件一定是最值得怀疑的事件，因为如果千万张嘴同时在证明一件事，那么事实很可能与目击证人所说的是相反的。

从上述情况中我们可以得出一个明确的结论，那就是只能把史学著作当成纯粹想象或纯粹虚构的产物。实质上，这些著作就

①色当战役发生于1870年9月1日普法战争时期。战斗的结果是普军俘虏了法皇拿破仑三世及其麾下的军队，虽然普军仍需要与新成立的法国政府作战，但此战实际上已经决定了普鲁士及其盟军在普法战争中的胜利。

②沃尔斯利(1833—1913)，也有人翻译为吴士礼，维多利亚时代的英国陆军元帅。

是对违背真相的事实做出的虚假记录，不仅毫无根据，而且夹杂着一些个人的解释或思考。写这样的东西完全是在虚掷光阴。虽然历史具有巨大的欺骗性和想象力，但是假如历史没有给我们留下文学、艺术或一些具有重要意义的作品，那么我们对历史的真相就不得而知了。关于那些在人类历史上发挥过重大作用的伟大人物的生平，如赫拉克利特、释迦牟尼或穆罕默德，我们可以看到那些真正的记录吗？极有可能一句都不是真话。不过实事求是地说，他们的真实生平对我们无关紧要。我们想要知道的是，伟人在大众神话中所展现出来的形象。可以打动群体成员内心的，从来不是真实的英雄，而是英雄的神话传说。

不幸的是，神话虽然被清楚地记录在书中，它们本身却没有稳定性可言。随着时光的流逝，尤其是由于种族、宗教等缘故，群体的想象力会不停地改变这些故事，使它们变得更加扑朔迷离。《旧约》中嗜血成性的耶和华与圣女泰蕾兹的仁爱之神有天壤之别，在中国受到崇拜的佛祖与印度人所尊奉的佛祖也无多少共同特点。

群体的想象力一直改变着神话的内容，这样的改变无须数百年的时间，有可能只需要几年，神话故事的转变就可以完成。我们现在就可以看到，历史上最了不起的伟人之一的神话，在不到五十年的时间里被更改了数次。在波旁家族[①]的统治下，拿破仑

---

①是一个在欧洲历史上曾断断续续统治纳瓦拉、法国、西班牙、那不勒斯与西西里、卢森堡等国及意大利若干公国的跨国王朝。由于起源于法国中部的波旁地区，因此取名叫波旁王朝。

成了平和完美、象征自由的博爱的慈善家；在诗人眼里，他是一个谦逊的朋友，注定会长期留存在乡村人民的记忆之中。三十年后，这个步态安详的英雄又变成了一个嗜血成性的暴君，他在篡夺权力之后摧毁了人们的自由，仅仅为了满足自己的野心，便让三百万人命丧黄泉。如今，我们看到这个神话又在发生变化。

在经历了几个世纪之后，面对这些漏洞百出的记录，未来那些博览古今的志士们就会怀疑这些英雄是否真的存在过，这就像现在，我们之中有的人会怀疑释迦牟尼是否真正存在过。从拿破仑身上，未来的学者也许只会看到一个光彩照人的神话或一部赫拉克利特①式传奇的演变。面对这种不确定的情况，他们无疑不会去怀疑，而且满足得心安理得，因为和今天的我们相比，他们更明白群体的特点和心理。他们知道，除了神话外，历史并没有保存下什么当时的记忆。

点评：

在这一节中，作者采用了丰富的案例向我们论证了群体的轻信性和易感性。其实，通过这些例子我们也可以看出，群体非常容易夸大事实，又善于联想和放大，他们会用自己的想象力来扭曲事实，从而塑造一个全新的事件，即便是一些顶级评论家，也无法幸免。群体心理就像一个旋涡，每个人都会不由自主地被卷进去，人们身上的个性被吞噬，除了外表外，我们没有任何不同。不可否认的是，这样的观点有些偏激，不过就作者生活的那个年代来说，这些论点已经是先知性的存在了。

---

①赫拉克利特，一位富传奇色彩的哲学家，是爱菲斯学派的代表人物。

群体情绪的夸张与单纯

群体表现出来的感情有好的趋向，也有坏的趋向，无论是好是坏，它的突出特点都是简单的夸张。群体中的个体就像原始人一样，他们不会做出细致的区分，也不会具体问题具体分析，他们把事情看成一个整体，但看不到中间的过渡状态。群体情绪的夸张性会受到传播过程的强化，只要感情被表达出来，那个对象就会因暗示的迅速传播而收获巨大的称颂力量①，人们的热情无限高涨直至极度夸张。

群体情绪的简单和夸张，或者说是非常单纯的单项极化，所造成的结果是，群体很容易失去判断力。他们从不怀疑，也不知道怀疑和不确定到底是什么。他们从不会辩证地看待事物，仿佛看到一件事就把事物定性了一样。它就像女人一样，一下子就会陷入极端。怀疑一说出口，立刻就会成为不容辩驳的证据，没有任何余地。如果是群体外的个体愤怒，那么这种愤怒并不会无端增强或放大，但是如果个体处在群体之中，那么这种愤怒可以瞬间转化为勃然大怒或义愤填膺。

在异质性群体中间，群体感情的狂暴又会因为责任感的消失而得到强化。人们意识到自己不会受到惩罚（人数越多，这种想法就越肯定），人数的增多会下意识地造成自我强大感，从而使个体呈现出独立时不可能有的情绪或行动。在群体中间，

---

①这也可以解释为什么在电影院看电影比一个人在家里看更有意思，即便是一部没那么好笑的喜剧电影。

傻瓜、低能儿和心怀妒忌的人，摆脱了自己卑微无能的内心，拥有了一种残忍、短暂但又巨大的力量。

不幸的是，群体的这种夸张倾向，经常呈现出恶劣的一面，从而展示出违背良知、违背天性的狠毒。它们是原始人的本能通过隔代遗传残留下来的东西，每一个独立且具备责任心的个体因为担心自己受罚，而不得不对它们有所约束，但群体就很容易干出最恶劣、最极端的勾当。

不过，这样的说法并不意味着在群体的影响下，个体成员不会表现出英雄主义、献身精神或最崇高的美德。他们甚至比孤立的个人更能表现出这些品质。当我们研究群体的道德表现时，一定还有机会回到这个话题上，到那时我们再说。

群体习惯了那些被夸大的情绪，也只有那些极端的情绪才能引起群体的注意。换言之，他们只会被极端感情所打动。那些希望感动群体的演说家，必须要做到出言不逊、信誓旦旦，他们甚至会使用夸张的言辞和强烈的感叹句。言之凿凿、不断重复，并且绝对不以说理的方式证明任何事情——这些都是公众集会上演说家们惯用的论说技巧。

进一步说，对于他们仰慕的英雄，群体也会产生类似的夸张感情。我们经常可以看到，那些群体口中的英雄，他们所表现出来的品质和美德，肯定总是被群体夸大。坐在下面的观众会要求舞台上的英雄必须具有超乎常人的勇气、道德和美好品质，令人可笑的是，这些精神在现实生活中都不可能存在。

对剧院观众来说，重要的是看戏时的立场。毋庸置疑，这种立场是的确存在的。但是在大部分情况下，支配戏剧的规则与常识、理性和逻辑无关[①]。这就意味着，观众在看戏剧的时候很少用理性和逻辑进行分析。能够吸引观众的艺术必然是低级的，不过这依然需要一些天资。只从剧本本身的角度来解释一部戏剧为何成功，几乎是不可能的。剧院经理在选择一部戏剧时，他们自己通常并不知道它能否取得成功，因为如果想对此做出判断，他们就必须拥有把自己变成观众的能力。

根据上面的事实，我们在这里又可以对此事做出更广泛的解释，这就必须要提到民族因素的支配作用了。一部在某国大众之间掀起广泛响应的歌剧，在另一国却未获成功，或只取得了部分的或平常的成功，是因为它没有将影响力作用于另一些公众身上，当群体随之改变时，歌剧的影响机制就不灵了。

群体的夸张倾向只会作用于情感，对于这一点我无须多言或另作补充，而这种夸张对智力而言并起不到任何作用。我已经用很多真实的案例证明过，当个体进入群体，成了群体的一员，他的智力就会在很短的时间里迅速下降。一位有学问的官员塔尔德[②]先生，他在研究群体犯罪时也证实了这一点，那就是群体在感情方面非常容易走向极端，要么是极高的歌颂，要么是极低的唾弃。

---

①这也就可以理解，为什么有些被剧院经理拒绝的剧本，在幸运上演之后都会大获成功。这些剧院经理试图用理性的心理去判断，但是他们终究无法成为精神意义上的群体。

②塔尔德，法国社会学家、西方社会知名的心理学家、统计学家和犯罪学家。1843年3月12日出生于法国多尔多涅省的萨拉，代表作有《刑法哲学》等。

点评：

情感单项极化是指群体情感的两极倾向，这种倾向使他们可以对一个英雄过分鼓吹，也可以对一个恶人极力鞭挞；可以把黑的说成白的，也可以让一个好人无端受尽冤屈。唾弃和歌颂是群体的常态，感情的狂暴让群体成员对“责任”二字麻木不仁，这在现实生活中仍然非常常见：“键盘侠”层出不穷、网络舆论随事件的多次反转而反转等。群体情绪的夸张和单向极化是我们考察社会事件传播和掌握群体心理动态的试金石和重要法宝。

在生活和工作中，不管是做决策还是分析一件事情，群体总会让情绪倾向于冒险或激进，这也是很多游行活动到最后都会演变为暴力活动的原因。独立个体进入群体之后，他们的情感会发生剧烈的震荡，会变得固执、任性、夸张、急躁，甚至趋于盲目和冲动。就像勒庞所说的那样，群体中的每个人都像沙子，风轻轻一吹，就可以轻易地飘向任何地方。他们就是这样毫无自我地被时代的潮流裹挟着向前。

群体的偏执、专横和保守

群体只知道简单而极端的感情，对一些提供给他们的各种意见、想法和信念，他们经常走两个极端，或者全盘接受，或者一概拒绝，接受时将其视为绝对的真理，拒绝时将其视为绝对的谬论。这就是用暗示或催眠的办法加以诱导，而不是运用理性做出的合理解释。这样的历史由来已久，与宗教有相似性。我们都知道，宗教信仰通常具有排异性，他们会在心理和大脑中对不服从的人实行专制、暴虐的统治。

群体从不怀疑何为真理、何为谬误，因为他们质疑所有的是与非。从另一方面来讲，他们对自己强大的力量有非常清楚的认识，因此他们绝对不能忍受任何与自己不同的意见，也非常喜欢强制、专横、偏执。独立的个体可以很容易地消化这些矛盾或讨论的声音，但是群体绝不会这样做。在公共集会上，演说家提出的一个轻微的反驳或是一次小小的异议，都极有可能引起群体狂暴的怒吼和肆意的谩骂。在一次次驱逐和喝倒彩中，演说家很快就会败下阵来，如果他坚持自己的意见，群体就会冲上去挥动拳头；如果会场上没有任何执法者对群体进行约束，那么这个演说家最后可能会被打死。

即便是不同类型的群体，专横和偏执都是他们的共性，只不过强度不同罢了。从更大的角度来看，民族因素就会凸显出来，它根深蒂固地存在于民族之中，支配着人们的思想感情。在拉丁民族群体中，我们尤其可以看到专横和偏执的趋势已经发展到了无以复加的地步。事实上，专横和偏执的态度在拉丁民族群体中的发展，已经彻底破坏了盎格鲁－撒克逊[①]人原本所具有的强烈的个人独立感情。拉丁民族群体只关心他们所属宗派的集体独立性，他们对独立有着本民族独特的见解——他们认为“独立”就是必须让那些与他们意见相左的人改变自己的信念，从而无条件地服从自己的信念，所以他们一直在镇压异议者。在各拉丁民族中，自宗教法庭时代以来，各个时期的雅各宾[②]党

①通常是指公元5世纪初到1066年诺曼征服之间生活在大不列颠岛东部和南部地区的文化习俗上相近的一些民族。

②法国大革命时期参加雅各宾俱乐部的激进派政治团体。主要领导人有罗伯斯庇尔、丹东、马拉、圣茹斯特等。

人对自由的理解就只有这一种，他们无法理解除此之外还有什么称得上是自由。

群体很喜欢权力和惩罚，也非常了解专横和偏执，他们对此有着非常清楚的认识。只要有人在他们中间煽动起这种情绪，他们随时都会将其付诸实践。群体对强权俯首帖耳，却很少被仁慈心肠所打动，他们认为那不过是软弱可欺的另一种表现，是另一种形式的无能。他们的同情心从不听命于随和善良的主人，而只向严厉欺压他们的暴君低头。他们总是为这种暴君塑起最壮观的雕像，致以最崇高的敬意。可以肯定的是，当专制者被剥夺了权力，群体便会用以大欺小的方式去践踏他们，仅仅是因为这些专制者失势了，变成了弱者。失势的专制者饱受人们异样的目光，受到人们的蔑视，也是因为他们并不会让人害怕，人们对他们毫无畏惧，因此可以肆意践踏。群体喜欢的英雄，永远像恺撒一样。他的权杖吸引着他们，他的权力威慑着他们，他的利剑让他们心怀敬畏。

群体随时会变成软弱可欺者，他们对强权低声下气、卑躬屈膝。如果强权时断时续，而群体又总是被极端情绪所左右，他们便会表现得反复无常——时而无法无天、目中无人、飞扬跋扈，时而卑躬屈膝、胆小怕事、低声下气。

然而，有人认为群体中的革命本能占据着群体心理的主导地位，这其实是对群体心理的完全误解。原因在于我们只看到了群体的暴力倾向，也正是群体的暴力倾向使我们上了当。很多时候，群体的破坏力度只是在瞬间爆发，从开始到结束，只有很短的一段时间。群体基本上受到无意识因素支配，所以很容易受到遗传因素的影响，是极端保守的。如果对其置之不理，群体很快就会陷入混乱，本能地产生奴性。当波拿巴①压制了一切自由，每个人民都对他的铁腕有切肤之感时，为他发出最高欢呼声的，正是那些最桀骜不驯的雅各宾党人。

如果不考虑群体由来已久、根深蒂固的保守本能，就难以理解历史，尤其是民众的革命史。的确，他们非常想为制度改个名字，为了完成这种变革，甚至会发动一些暴力革命。然而，这些制度在根本上依旧反映着民族基因对制度的渴求，因此他们不可能不去服从。他们多变无常，可也仅仅发挥在了表面的事情中，从本质上来看，他们拥有着无坚不摧的保守本能，就像最原始的生物那样，不可动摇，不可改变。他们喜欢一切传统的东西，对于传统，他们表现出来的迷恋和崇敬是那么绝对；他们的无意识中夹杂着恐惧，恐惧任何一个可以改变他们传统生活方式的新事物。假如时光倒流，回到那个纺织机被发明、蒸汽机或铁路出现的年代，群体挥舞着当前民主的大旗，那么这些发明就不可能被运用到实践中，或者至少要付出革命和大屠杀的惨重代价。在文明进程中十分幸运的一件事就是，在科学领域和工业大革命中一些伟大的发明出现后，群体才逐渐掌握了权力。

---

①拿破仑·波拿巴（1769—1821），即拿破仑一世，出生于科西嘉岛，19 世纪法国伟大的军事家、政治家，法兰西第一帝国的缔造者。历任法兰西第一共和国第一执政（1799—1804），法兰西第一帝国皇帝（1804—1815）。

点评：

读完此节，我们便了解了群体容易暴动的原因——偏执、专横和保守。群体是偏执和专横的。对一件事情，群体大体上会有两种态度——“锦上添花”和“落井下石”。群体并不是很注重真相如何，他们或在愤怒中发泄自己的不满，或在喜悦中分享自己的快乐。群体也不懂如何分辨真伪，他们只会意气用事，吹捧自己喜欢的，鞭挞自己不爱的，殊不知，开放包容的心态正是我们这个时代最缺少的。多一份理性，多一份自己独立的思考，也许结果就会大不一样。

此外，群体还是保守的。无论是民族基因所携带的，抑或是别的什么原因，这种保守都很难改变。本质上，群体不欢迎新事物，对和自己不同的事物、见解、信念等也相当排斥，这就是群体的排异性和保守性。一个人极有可能走向极端，群体也可能走向极端，但是在做决策时，群体又会本能地趋于保守，这就可以解释为什么知识渊博的专家学者坐在一起开会的效果并不如预期的那样好。

群体的道德

如果“道德”[①]一词的定义是指长期尊重一定的社会习俗，不断抑制个人自私的冲动，那么可以说，由于群体太易冲动、太多变，因而它不可能是道德的。相反，如果我们将某些一时表现出来的品质，如学会舍弃、自我牺牲、公正无私、忠诚献身和对平等的渴望等，也视为道德的范畴，那么可以说，群体经常会表现出很高的道德水准和道德境界。

①道德是社会意识形态之一，是人们共同生活及其行为的准则和规范。

研究群体的心理学家并不多，他们中的大部分研究的还只是群体的犯罪行为。不过即便是数量非常小的研究群体，他们依旧得出了这样的结论：群体的道德水平十分低劣。

这种情况当然经常存在，但为何会这样呢？这不过是因为我们从原始时代继承了野蛮和破坏性的本能，它蛰伏在我们每个人身上。独立的个体要想在生活中满足这种本能，的确是非常危险的，但是当他加入一个群体当中，就会因为很清楚法不责众而彻底放纵并遵循这种本能。

在生活中，我们不能向自己的同胞发泄这种破坏性本能，于是把它发泄在动物身上。捕猎的范围很广，各国都有源远流长的捕猎传统，这种捕猎的热情和凶残有着相同的根源，一群人慢慢虐杀掉一个毫无防备的受害者，展示出了一种非常懦弱的残忍。[①] 不过在哲学家看来，这种残忍与几十个猎人带着猎犬围追堵截并最后杀死一只无辜的鹿时表现出来的残忍，有着非常密切的联系。

群体可以杀人放火、无恶不作，但是也会有非常崇高的表现，甚至比独立的个体所能表现出来的行为更崇高。比如，他们可以奉献，可以牺牲，可以不计名利，可以无私付出。打着荣耀、光荣和爱国主义的旗号进行号召，最有可能打动那些组成群体的个人，而且经常可以达到让他们慷慨赴死的地步。像十字军远征和1793年的民众起义事件[②]，历史上比比皆是。群体是可

①这里实际上指的是一名厨子在民众的鼓动下把巴士底狱狱长杀死的事情。

②1793年5月31日，巴黎市民起义，推翻吉伦特派的统治，建立起雅各宾派统治。

以做出不计名利、献身牺牲的事情的，并且可以做到极致。群体甚至可以为了根本理解不了的信仰、思想观念或只言片语就英勇就义，这样的事例不计其数。那些不停游行示威的工人们，并不仅仅是为了提高微薄的薪水养家糊口，他们这样做的动机只不过是服从命令罢了。只有独立个体的行为动机才是一己私欲，而这根本不可能成为群体的强大动力。这就可以解释为什么在很多战争中，支配群体的都不是个人利益。群体中的人们都不理解这些战争，但是他们心甘情愿地杀人和被杀，就像是被猎人催眠了的小鸟。

即使在那些无恶不作的人身上，也经常会出现类似的情况，那就是融入群体之后会出现短暂的严格的道德纪律。泰纳让人们注意到了一个事实："九月大屠杀"[①] 的罪犯把他们从牺牲者身上找到的钱包和珠宝都摆放在了会议桌上，本来他们是很容易把这些东西据为己有的。1848 年革命[②] 期间，占领杜伊勒里宫[③] 时高声呼号的群众，并没有染指那些让他们兴奋不已的物品，要知道的是，那其中的任何一件都意味着很多天的面包。

虽然群体对个体的道德净化影响不是绝对一成不变的，但他经常出现在人们身边，这种情况并不少见。甚至在那些比上

①法国大革命期间屠杀囚犯的事件。有人称其为法国大革命的"第一次恐怖"。

② 1848 年 1 月革命运动首先在西西里岛掀起，然后扩展到意大利、德意志和法国诸国及奥地利帝国。法国革命取得胜利，建立了法兰西第二共和国，确定了普选权。

③ 1559 年法国国王亨利二世去世后，其遗孀卡特琳•德•美第奇决定搬出亡夫居住的罗浮宫，另建新宫。1564 年，卡特琳•德•美第奇下旨在罗浮宫西面约 250 米远的地方营建杜伊勒里宫。

面所提到的严重情况略轻一些的环境中，我们也能看到群体对个体的道德净化作用。正如前面所提到的那样，剧院观众要求作品中的英雄拥有超越常人的夸张的美德，所以我们也会经常看到，在一些集会中，即使观众品质低劣，但通常也会表现得一本正经。放荡不羁的人、皮条客和庸俗的粗人，在有些略带黄色情节的场景中，会立刻喃喃细语，似乎在表示不满，讽刺的是，那些场景跟他们的惯用语比起来根本不算什么。

也就是说，群体会经常释放自己低劣的本性，也会时不时树立起富丽堂皇的道德行为典范。如果无私、顺从和绝对献身于亦真亦幻的理想都可算作美德，那就可以说，群体经常具备这种美德，而且它所达到的水平，即使是最聪明的哲学家也望尘莫及。毋庸置疑，他们在不知不觉中践行着这些良好的品质，然而这无碍大局，我们不该对群体求全责备，说他们经常受无意识因素的左右，不善于动脑筋。在某些情况下，如果他们开动脑筋，关注起自己眼前的利益，那我们这个星球上根本就不会孕育出文明，人类也不会有自己的历史了。

点评：

在群体中，个人总是表现出较高的道德水准。这个观点其实不难理解，比如有的人会迫于群体的压力而表现出克制的情绪，他会注重自己的仪表、行为举止，但是私下里，他有可能并不像他所展现出来的那样得体。

除此之外，我们还可以从热点新闻事件来感知群体带来的道德压力。对于一些年轻人不给老年人让座的现象，很多人会站在道德制高点去指责年轻人，但那只是因为他们站在旁观者的立场，如果事情发生在他们身上，他们不一定表现得多么高尚，这就是群体带来的奇妙效应。可以肯定的是，群体对个体有非常重要的教育作用，但是我们仍要提防极端情况发生，认清形势，己所不欲，勿施于人。

第三章　群体的观念、推理与想象力

提要：

1. 群体如何获得观念（基本观念和次要观念）。相互矛盾的观念为何能够并存。高深的观念必须经过改造才能被群众接受。观念的社会影响与它是否包含真理无关。

2. 群体的理性。群体不受理性的影响，也不会被说服。群体只有十分低下的推理能力。它所接受的观念只有表面上的相似性或连续性。

3. 群体的想象力。群体有着强大的想象力。群体只会形象思维，这些形象之间没有任何逻辑关系。群体容易被一些不可思议的事情打动。这些不可思议的事情是文明的真正支柱。民众的想象力是政客的权力基础。展示事实要以什么形式呈现，才能触发群体的想象力。

群体的观念

我们在前一本研究群体观念对各国发展的影响的著作中[1]已

---

①指《各民族进化的心理学规律》一书。

经指出，任何一种文明都是屈指可数的几个基本观念的产物，这些观念很少受到改变，甚至革新。我们讨论过这些观念在大众心中产生了多么大的影响，也证实了它们有多么根深蒂固。在扎根时遇到了多少困难，在日后就会产生多大的影响。最后我们再次见证了，曾经的那些巨大的历史动荡都是由这些根基性的观念所导致的。

既然上面的话题已经在前一本书中充分讨论和论证过，这里就无须赘述。不过接下来，我想说说关于思想的问题，那就是观念如何被群体接受，以及当观念呈现何种形式时，群体才会信服它们。

从大体来看，我们所谈到的观念可以分为以下两类：一类观念是由重要的时刻引发的偶然思想，它们随时间的流逝而转瞬即逝。例如，对某个人者某个教条、理论学派的迷恋，这种迷恋是暂时的。另一类观念是基础性观念，它们具有极强的稳定性，而这种稳定性是由环境、遗传规律和公众意见造成的。这些观念有的是历史悠久的宗教信仰，有的是当今社会的民主主义思想。

基础性观念就像缓缓向前流动的溪水，溪水知道自己要走向哪里；而那些转瞬即逝的偶然观念则像非常细小的波浪，波浪的形状一直在变化，搅动着表面，比溪水般静静流动的基础性观念更显而易见，因此人们更能明朗地看到其改变。

现如今，被我们的父辈视为人生重要支柱的伟大的基础性信念正在摇摇欲坠，它们毫无稳定性可言，完全松动，也许有一天会轰然倒塌。与此同时，建立在这之上的相关制度也会受到严重影响。那类基础性观念在慢慢消失，偶然性观念却在一步步发展自己的势力——每一天都会产生大量过眼云烟式的偶然性观念，虽然它们的数量非常庞大，但很少会充满生命力，也不可能产生持久的影响。

无论给群体提供什么观念，内容无所谓，重要的是形式。只有观念足够绝对、强硬、直白时，才能产生有效的影响。也就是说，所有观念必须在其内容外面披上形象化的外衣，只有这样，它们才可以更好地被群体所接受。在这些形象化的观念之间，没有任何逻辑上的相似性或连续性，它们可以相互取代，也可以相互存在，就像操作者从幻灯机中取出一张又一张叠在一起的幻灯片一样。这也就可以解释为什么能够看到最矛盾的观念在群体中同时存在。群体吸收着各式各样的思想，他们会在时机和环境的大前提下进行不同的解读。或者可以这样说，即便人们在相同思想的影响下，也会做出大相径庭的行为来。群体完全缺乏批判性能力，因此也察觉不到这些矛盾。

值得注意的是，这种现象并不是群体特有的，在独立的个体身上也能看到。不仅在原始人之中，还包括那些在智力方面和原始人接近的任何人，如对宗教信仰非常狂热的成员身上，都可以找到双重思想的影子。我曾看到，在我们欧洲大学里受过高等教育并获得学位的有教养的印度人①身上，就出现了这种现象，

①印度人常给人留下“能言善辩、开放多元”的印象。

他们表现得非常明显，令人费解。一部分西方观念被构架在他们较为稳定的根基性信念之上，这些根基性信念又可以称为传统观念，它或来自遗传，或来自生活阅历的积淀。这些印度学生会依据不同的场合，表现出这一套或那一套的观念，并伴之以相应的言谈举止。那么这时，一个人会表现得极其矛盾。不过，这些矛盾与其说真正存在，不如说只是一种表面现象。因为只有世代相传的观念才能对独立的个体产生足够的影响，在时间的沉淀中演变为个人的行为动机。只有当个体因为不同民族间的通婚而处于不同的传统倾向中时，他的行为才会真正表现出截然对立或摇摆不定。虽然这些现象在心理学中有着非常深厚的基础，也十分重要，但是我们也不必一直纠结于此。在我看来，要想充分理解这些现象，至少要花上十年的时间周游世界各地，体验民俗风情，考察群体的多样性，进行很多实地研究才行。

观念只有采取足够直白的形式，才能被群体接受，因此它必须经过一番彻底的改造，这样它才能通俗易懂，为人所知，被群体理解和接受。当面对的是高深莫测的哲学观念或科学观念时，我们就会看到，为了迎合群体普遍低下的智力水平，相关人士要对它们进行多少牵强附会的过度解读和深刻的改造。这种改造取决于群体或群体所属的民族的性质，不过大体趋势都是观念的低俗化、简单化和直白化——因为群体的总体智商水平并不高。这说明了一个事实，即从社会视角来看，现实中所谓的观念等级制很少存在，这也就意味着，其实观念并没有高低贵贱之分。世界上没有任何观念拥有绝对的价值。无论是什么类型的观念，也无论它在诞生之时是多么的伟大或正确，只要它走进了群体之中，被群体所理解，并产生了自己的影响力，那么它之前所具备的伟大、高明就全都消失殆尽了。

而且，观念的绝对价值，或者说内在价值其实并不重要，我们需要衡量的是观念产生的效果。换句话说，就是要看它所带来的社会影响和社会效益。

即使一种观念经过人们的改造变得通俗了，它也需要进入社会的无意识领域后才能逐渐产生影响。可以肯定的是，从思想变成情感的过程是漫长的，需要很长时间才能被人们接受，而这种漫长更加凸显出观念的深刻影响力。关于思想进入社会潜意识的方式，我们会在后面的文章中予以讨论。

千万不能以为，仅仅因为一种观念是正确的，就确定它能在那些有教养、有头脑的人中产生作用。我们只需要看一下最直接的证据对大多数开明人士的影响，就不难理解这个事实了。开放包容的人最开始是能够接受证据的，也会在短时间内改变自己的观点，但是受到根基性观念的影响，无意识的自我很快会把他拉回到原来的观点上。过几天再来和他交流，你会发现，他依然会把自己的老观点再说一遍，甚至修辞和措辞都不会发生变化。事实上，他一直没有摆脱旧观念的影响，因为旧观念已经深植于他的思想中，变成了一种深厚的情感，也只有这种观念可以影响他的言谈举止。把这个情况放在群体中，依然如此。

当观念改变了形象化的方式，通过各种途径进入群体的头脑之中并产生一系列效果时，所有与它的对抗都是徒劳无功的。那些引发法国大革命的哲学观念，也是花了将近一个世纪才深入群众心中的。虽然这个过程非常漫长，但是只要它们已经根深蒂固地在人们的思想中了，其威力便是不可小觑的。整个民族都会竭力消灭不公，为了实现自由、平等而不懈奋斗，他们使王室摇摇欲坠，使西方社会动荡不安。各国都在经历着这种重大变革，持续了二十年。在这二十年里，欧洲见证了连成吉思汗和帖木儿[①]都为之惊心动魄的大屠杀。世界范围内还从未有过哪种思想能引发如此大规模的变革。

让观念在群体的头脑中扎根或根除，都需要同样长的时间。因此，就观念而言，群体总是落后于博学之士和哲学家好几代。当今所有的当权者和政客都非常清楚，我们前面所提到的那些基本观念里混杂着很多错误，但是因为这些观念的影响力依然十分强大，所以他们不得不依照自己已经不再相信的真理、原则进行统治。

点评：

群体获得观念的途径多种多样，群体情感的产生方式也十分丰富。我们所吃的食物构造了我们的肌肉和骨骼，我们经历过的所有场景、所有情感融合交织成了我们现在的思想感情。可以肯定的是，

---

①埃米尔·帖木儿（1336—1405），出生于撒马尔罕以南的碣石（今乌兹别克斯坦沙赫里萨布兹），帖木儿帝国的建立者。

我们的内心是由很多经验、理论结合在一起而形成的。当然，上述讲的都是个体，如果对象是群体，可能效果就会大不一样了。

作者提到，给群体传输观念，形式必须足够直白、直接和绝对，于是我们就可以解释“标题党”的兴起。如今，我们身处互联网时代，信息呈爆炸式增长，碎片化的生活方式被迅速建立。人们缺少整段的时间，都在利用碎片化的时间来阅读，而“标题党”正好迎合了人们的碎片化需求。于是，大量直白、粗暴，甚至是低俗、虚假的新闻标题轮番登场，力求吸引网民们的眼球，但实际上很难禁得起推敲，因为思想对社会的影响与其包含的真理无关。“乌合之众”的由来也源于此。

群体的理性

不能说，群体绝对没有理性，或根本不受理性的影响。

但无论是群体接受的论证，还是对群体产生影响的论证，从逻辑学的角度来看都属于十分拙劣的一类，甚至把它们称为逻辑，这只能算是一种非常无奈的比喻。

和高级推理类似，群体的低级推理能力也要借助于观念，不过，群体只接受表面关系。表面关系就是观念之间仅仅存在表面上的相似性或因果关系。群体的推理逻辑和因纽特人[①]类似。如果经验告诉他们，冰是透明的，放进嘴里会融化，那么推理就非常简单，他们会认为：既然玻璃也是透明的，那么放进嘴里也会融化。他们又像野蛮人一样，认为吃下骁勇敌人的心脏

①生活在北极地区，又称爱斯基摩人，分布在从西伯利亚、阿拉斯加到格陵兰的北极圈内外。

便可以复制他的胆量。或像一些雇工，因为受到了一个雇主的剥削，就立刻认为天底下所有的雇主都会剥削他们雇工。

群体推理的特点，是把只在表面上相似，但实质根本不同的事物联系在一起，并在短时间内将具体的经验普遍化。知道如何操纵群体的人，就会给他们提供这种论证。这种论证是可以影响群体的，当然群体也只能接受这种逻辑。他们不会将逻辑分段，因此我们可以认为，群体没有逻辑可言，他们拥有的只是错误的概念，同时无法被说服。

我们将一些曾经深深打动场下观众的演说词再读一遍，就会发觉其中暴露出的缺点。不过，人们忘记了，那些演说词并不是给演说家看的，而是用来影响群众的。一旦演说家平时和群体交往密切，他们就可以在演讲中成功地激发出对群体有诱惑力的形象，只要他们有了一个好的开端，那么想要达到任何目的都易如反掌。二十场滔滔不绝的长篇论证——假设它们的确是作者深思熟虑的产物——但确实不如几句有感召力的口号更能取悦群体[①]。

我们无须再浪费时间和精力来论证了，群体是没有推理能力的，所以也就无法表现出任何批判精神。换句话说，群体不能分辨是非，也不能对任何事情形成自己较为正确的判断。群体对某件事情所做出的判断，仅仅是强加给他们的，而不是辩

①这就是为什么有时候生动简洁的广告语深入人心，而冗长的文章却无法被人们长期记住。

证分析出来的。从这个角度来说，独立的个体并不比群体高明多少，这样的个体不在少数。有些观念轻而易举地得到了普遍认同，在很大程度上是因为人们觉得这种独到的见解以自己的逻辑是很难形成的。

点评：

勒庞在本章开头就这样说过："群体不受理性的影响。"也许这句话过于绝对，却非常真实地勾勒了群体心理的特点。当一件轰动网络的热门新闻，尤其是民生新闻被推送出来时，舆论就会立刻呈爆炸式增长，如果新闻中正好包含了强势和弱势关系的人物，舆论就很容易呈现一边倒的趋势。但实际上，大家对真相并不好奇，只是想在新闻媒介里留下自己的声音，宣泄情感。所以说网络容易滋生"暴民"，这些"暴民"没有理性，没有立场，只是一个具有情绪化倾向的网络产物。民众的情绪越高涨，事件的真相就会越隐蔽。

群体缺乏理性判断，所以只能让情绪占据上风，狂热、冲动的情绪很容易侵袭人们的头脑，让人们做出傻事。有时，即便是非常小的一件事，一旦通过媒体、舆论的放大，就会让整个事态失真。这就是群体的力量，虽没有严谨的理性分析，却不容小觑。

群体的想象力

如果一个人缺乏逻辑推理能力，那么他的想象力就会相对丰富。这个道理也适用于群体。就像那些缺乏逻辑推理能力的人一样，群体的形象思维能力很强大，联想很跳跃，也很容易被彻底影响。一个人、一件事或一次事故，都能在他们头脑中唤起栩栩如生的形象。从一定意义上说，群体就像一个正在熟睡的人，理性被他暂时搁到了一边，而让各种夸张的形象在头脑中尽情驰骋。只要群体开始思考，或者转念一想，那些夸张的形象就会消失不见，但是他们不会这样做，因为他们没有理性可言，所以在他们的字典里没有“不可能”这个词。而且需要注意的是，最能打动群体的往往都是一些假象。

既然最能打动群体的都是一些假象，那么一些不可思议的奇人怪事就很容易打动群体。分析文明的形成过程时不难发现，奇人怪事正是文明延续的重要支撑。在历史的发展过程中，表象总比真相起着更重要的作用，虚幻总比现实更有分量。

群体只会形象思维，因此也只能被形象思维所打动，只有想象能够镇住他们、吸引他们，甚至驱动他们。

说起最能给群体带来冲击的，要数戏剧了。戏剧最能将人物形象以清晰的形式活灵活现地呈现出来。在古罗马民众眼中，面包和场面壮观的好戏构成了幸福的理想，除此之外再无所求。不管以后的岁月如何动荡，这种理想都很少被改变。这就可以解释，为什么能够对类型不同的群体的想象力起作用的，莫过于戏剧表演了。所有观众同时体验着戏剧传达出来的相同的感情，这些情绪没有立刻变成行动，不过是因为即使最投入的观众也知道，自己不过是幻觉的牺牲品，戏剧里的一切都是假的，他们身不由己地为了想象中的故事透支着自己的笑声与泪水。[①]

①我们可以从这个话题继续深入讨论，是否一部催人泪下或者让观众捧腹大笑的电影就是好电影。

尽管观众能够意识到自己看到的故事是假的，但有时因为形象的暗示而产生的感情未免过于强烈，因此就像通常情况下暗示或催眠所起的作用一样，这些强烈的感情倾向于变成行动。关于这一点，我们有时会听到这样的故事：因为让一个演员在一部悲剧中扮演了叛徒，所以剧院经理必须在演员退场时提供安全保护，免得义愤填膺的观众产生冲动，攻击演员，虽然观众所看到的故事并不是真实的。所以我认为，上面提到的状态是非常典型的群体心态案例之一，尤其是对群体施加影响的方式非常显著，群体很容易受到催眠。即使是虚假的东西，也依然可以影响群体，并且跟真相带来的影响没有明显差别。因此，群体无法分辨真假，这一倾向还是非常明显的。

侵略者和国家所拥有的至高无上的权力，或者说威力，就是建立在群体的想象力之上的。领导群体，必须掌握控制群体想象力的方法。历史上所有重大的历史事件，包括佛教、基督教和伊斯兰教的兴起，欧洲的宗教改革，法国大革命，都是征服者针对群体的想象力进行操纵和控制所带来的直接或间接的后果。

除此之外，世界历史上所有伟大的政客，包括最专横的暴君，也都把群众的想象力视为其权力的基础，他们之所以能够取得如此大的成就，就是因为他们从来没有设想通过与它作对而进行统治。换句话说，尽管两者是征服和被征服的关系，但是他们顺着群体的想象力，最终达成了自己的目标。拿破仑曾对国会说：“我通过对天主教进行改革，终止了旺代战争[①]；通过让自己变成一位穆斯林，在埃及站稳了脚跟；通过成为一名信奉和追求‘教皇至上’的人，赢得了意大利神父的青睐和支持。如果我去统治一个犹太人的王国，我也会重修所罗门[②]的神庙。”自从亚历山大大帝[③]和恺撒大帝[④]以来，大概从来没有一个伟大的人物可以比拿破仑更好地运用影响群众想象力的方法。拿破仑一直着迷于此，他一直全神贯注地研究如何更好地影响群体的想象力。他胜利时在想，杀人时在想，演说时在想，甚至在自己的一举一动中依然在想，即使是他奄奄一息躺在床上的时候，仍然在想。

如何激发和刺激群众的想象力呢？我们很快就会知道答案。在这里我们只需明白一点，要想掌握这个能力，万万不可诉诸理智，或者通过讲道理的方式。也就是说，绝对不可以采用论证的方式面对群体。安东尼[⑤]为了让民众给恺撒复仇，并没有使用巧舌如簧的辩论才能，而是用了一种非常感性的方式——指着恺撒的尸体读遗嘱。

---

①旺代战争又称旺代叛乱，是法国大革命期间发生的保王党反革命叛乱。

②所罗门是古代犹太王国的国王，约公元前973年—前933年在位。所罗门在位期间，把首都耶路撒冷建成圣城，成为犹太教的膜拜中心，也为基督教、伊斯兰教奉为圣地。

③亚历山大大帝（公元前356年—前323年），即亚历山大三世，马其顿王国（亚历山大帝国）国王，生于古马其顿王国首都佩拉，世界古代史上著名的军事家和政治家，是欧洲历史上最伟大的四大军事统帅之首。

④盖乌斯·尤利乌斯·恺撒（公元前100年—前44年），史称恺撒大帝，罗马共和国（今地中海沿岸等地区）末期杰出的军事统帅、政治家，并且以其优越的才能成为罗马帝国的奠基者。恺撒出身贵族，历任财务官、祭司长、大法官、执政官、监察官、独裁官等职。

⑤马克·安东尼（公元前83年—前30年），古罗马著名政治家和军事家。早期是盖乌斯·尤利乌斯·恺撒最重要的军队指挥官和管理人员之一。

无论刺激群众想象力的主体是什么，有一点是肯定的，那就是：要激发群众的联想，就必须给予群体一个鲜明、惊人的形象，无须画蛇添足的解释，最多加一些非同寻常的灵异事件就足够了。故事情节必须有关一场伟大的胜利、一个惊动世界的奇迹、一个天理难容的罪恶事件，或一个蕴含无限生机的美好希望。类似的事件必须作为一个整体放在群体面前，不能解释缘由，也不能透露事件的来源。值得我们注意的是，一千个非常微小的罪行或小事故，丝毫不会引起群体的注意，但是一个滔天大罪或一个重大事故就会强烈地震撼到群体，即使前者的损失之和比后者的损失严重很多倍。

就在几年前，流行性感冒肆虐，仅在巴黎，就有五千人死亡，这个人数完全称得上是大规模死亡事件了，但是群体的想象力没有受到任何影响。分析其原因，主要就在于信息呈现的方式不是形象的，而是来自相关部门每周发布的统计信息。但是，如果死亡人数仅有五百人，却在一天之内公之于众，那么这个新闻将是一个极其引人注目的热点事件，就像“埃菲尔铁塔突然倒塌了”这个新闻一样，能够极大地影响群体的想象力。

一艘在大西洋航线[①]上缓缓行驶的汽轮失联了，人们以为它已经沉没在了幽深的海洋中。由于相关信息十分匮乏，人们的猜测也随之而来。这件事就深深地影响了群体，激发了他们的想象力，并且事件的热度维持了一周。但是官方数据表明，仅

①世界主要的国际海运航线有大西洋航线、太平洋航线和印度洋航线。

1894年这一年的时间，就有八百五十条帆船和二百零三艘汽轮失事。就死亡人数和财产损失来看，比大西洋航线上的汽轮事件严重得多，但是群众从来没有关心过这些接连发生的悲剧。

通过上面的事例，我们可以看出，激发民众想象力和关注度的，并不是新闻事件本身，而是它们发生的形式和传播给大众的方式。在我看来，要想让一件事激发群体的兴趣和想象力，就必须对事件传播的形式进行改造和再加工，进行浓缩，制造出能够冲击群体想象力的新形象，让他们瞠目结舌、意想不到。总结一下，只要掌握了激发群体想象力的艺术，就获得了引领群体的力量。

点评：

本节作者围绕“群体的想象”展开论述。在文章开头，作者向我们介绍了为何群体需要形象思维，那是因为群体是盲目的、狂热的、易受影响的。根据这样的特点，我们就可以推断：如果一个军队要想占领这个地区，只要征服了群体，就可以达成目标。如何征服群体？要向群体的想象力借力。按照作者的话，群体没有分辨真假的能力，只要你可以让他们俯首称臣，那就是最好的结果。这并不是对群体力量的污蔑或小觑，而是一个非常重要的规律。

本文的第二部分论述了如何激发群体的想象力。群体不需要长篇大论，只要几条具有冲击力的新闻就足够了。文中提到，一个天理难容的罪恶事件或一个蕴含无限生机的美好希望就足以让群体感兴趣，所以无论是故事还是新闻，只要带有“戏剧化”的色彩，都可以吸引大量观众。再说到“标题党”，其实就是个别媒体为了吸引网民眼球而夸大事实、制造戏剧性冲突的结果，也是成功激发群体想象力的典型例子。从这个角度来说，本书作者非常超前地洞察了未来社会新闻传播的发展趋势。

第四章　群体信仰所采取的宗教形式

提要：

1. 宗教感情的意义。

2. 它不取决于对某个神的崇拜。

3. 信念的强大是因为它采取了宗教的形式。不同的例子。民众的上帝从未消失。宗教感情复活所采取的新形式。

4. 宗教形式的无神论。

5. 从历史角度看这些现象的重要性。历史上的大事件，譬如欧洲的宗教改革、圣巴托洛缪惨案[①]、恐怖袭击事件等类似的事件，都是群体宗教感情而非独立个体意志的结果。

我们已经证明，群体没有理性，也不擅长逻辑和推理。他们对观念只有两种态度——要么全盘接受，要么彻底否定，不允许质疑和反驳。而一旦把暗示加诸其上，群体就会被它彻底征服，不仅仅是心智领域，就连行动也会带有暗示的倾向。我们还证明了，只要对群体施加恰当的影响，他们就会为自己所信奉的理想慷慨赴死。我们也看到，群体只会产生狂暴而极端的情绪，这种情绪我们之前提到过，是一种单向极化的情绪。

---

①圣巴托洛缪大屠杀是法国天主教暴徒对国内新教徒胡格诺派的恐怖暴行，开始于1572年8月24日，并持续了几个月。由于胡格诺派不妥协的强硬态度，使该事件成为法国宗教战争的转折点。

在群体中，些许好感会在短时间内迅速转化为崇拜，而一丝厌恶也会瞬间变成仇恨。这些通俗的概论，已经为我们揭示了群体信念的性质。

我们在对群体的信念做更为详细的考察时，会发现一个很明显的问题：无论是有着狂热的宗教信仰的时代，还是上个世纪（指18世纪）的政治大动荡时期，群体的信念总是采取一种非常特殊的形式，我不知道该如何更好地描述它，就暂且称其为"宗教热忱"吧。

其实这种名叫"宗教热忱"的感情没有复杂的特点，相反，这种情感非常直接明了。举一些例子：崇拜某种假定的至高无上的存在，赋予这种存在某种力量，然后敬畏它，盲目地服从其命令，无法对其教条提出质疑或展开讨论，希望传播这种教条，倾向于仇视任何不相信这种存在的人，诸如此类。不管这种情感最终指向的是一个无形的神、一截木头，还是一块石碑，抑或是一个英雄、一种政治观念，只要它具备上述特点，在本质上就是宗教热忱。我们可以看出，这种宗教热忱会在一定程度上表现出超越自然的神秘力量，群体会下意识地将这种神秘力量赋予到一些激起他们热血和激情的领袖和政治信仰身上。

如果一个人只是单纯地崇拜神，那他还谈不上有宗教热忱，只有当他把自己的一切思想、一切自愿的行为和发自肺腑的热情，全部真心诚意地奉献给一项事业或一个人时，并将其作为自己全部思想和行动的出发点和落脚点时，他才能谈得上是一个虔诚的人。

偏执与狂热是宗教感情的必然伴侣。凡是自信地认为自己掌握了如何让来世幸福的秘密的人，都具有这样的表现。在接受这种宗教热忱的群体中，任何人都具备这两个特点。这让我想到了恐怖统治时代①的雅各宾党人，他们的骨子里就像宗教法庭时代②的天主教徒那样虔诚，两者狂暴的激情其实有着同样的来源。

群体信念的显著特征是盲目服从、极度偏执（或者说强烈的排异性）及狂热的扩散欲，而这些特点宗教热忱也都具备。因此，群体的一切信念都具有宗教的形式。群体所拥护和爱戴的英雄，就是他们的真神。拿破仑当了十五年这样的神，从没有任何一个神比他更受人们的爱戴，更能让人们轻易地为之赴死。即便是基督教的神和异教徒的神，对那些被它们掌握的群体的头脑，也没有实行过如此绝对的统治。

任何宗教或政治信仰的创立者，之所以可以在时代的浪潮中立住脚跟，是因为他们把狂热、偏执的激情注入群体的头脑中，群体会因为服从和崇拜一个人而找到归属感、找到幸福，他们

①“恐怖统治”或者“恐怖”，是一些历史学家对法国大革命的一个阶段的称呼。1793—1794年，法国在内外都面临着许多敌人。国内，贵族反对革命，因为革命剥夺了他们的世袭特权；天主教会也反对革命，因为革命将教士变成国家公务员，要求教士宣誓效忠国家（通过《教士公民组织法》）。

②宗教裁判所或称异端裁判所、异端审判，发生在中世纪和近代初期。是在公元1231年天主教会教宗格里高利九世决意，由道明会设立的宗教法庭。是负责侦查、审判和裁决天主教会认为是异端的法庭，曾监禁和处死异端分子。

随时准备为自己的偶像献出生命。这个规律在任何时代都不会发生任何意外。费斯塔尔·德·库朗热在论述罗马高卢[①]人的杰作中，高瞻远瞩地指出了罗马帝国得以维持久远的原因——根本不靠武力，而是靠它所激发出的一种虔诚的赞美之情，或者说宗教热忱。他的判断没有错，“一种在民众中引发愤怒的统治形式，竟在罗马帝国中维持了五个世纪之久，世界史上还不曾发生过类似的现象……帝国只有三十个军团，但是他们能让一亿人俯首帖耳，这真是太不可思议了”。

民众服从的原因在于，皇帝是罗马漫漫伟业的人格化象征，就像神一样受到全体民众的一致崇拜，而民众也没有任何怀疑地支持他，充满着为他献身、为祖国献身的狂热和偏执。在他的疆域内，即使是面积最小的城镇，也有为皇帝建立的祭坛。“当时，从帝国的一端到另一端，甚至各个角落，都可以看到一种新宗教的兴起，而它的神明就是皇帝本人。在基督教时代之前的许多年间，六十座城市所代表的整个高卢地区，都建起了和里昂城附近的庙宇相似的纪念奥古斯都[②]皇帝的神殿……其祭司由统一的高卢城市选出，他是当地的首要人物……要想把这一切都归因于畏惧和奴性是不可能的，因为整个民族不可能全是奴隶，即便是，也不可能持续三个世纪之久。崇拜君主的并

①古罗马人把居住在现今西欧的法国、比利时、意大利北部、荷兰南部、瑞士西部和德国南部莱茵河西岸的一带的凯尔特人统称为高卢人。不过更多时候这个词是指曾经广泛分布于中欧的多瑙河中游平原、西欧、东南欧的多瑙河下游平原。
②指屋大维。

不是群臣，而是整个罗马；当然也不仅仅是罗马，还有高卢地区、西班牙、希腊和亚洲。”

到了现在，大多数曾经控制着群体的信仰，并对群体心理产生过影响的大人物，一般都不再设有祭坛，但他们仍然有自己的雕像，赞美者的手中还有他们的画像，时隔千年，现在的人们表达崇拜的方式和前人没有什么两样。只有彻底了解群体心理特征这个基本问题，才可以理解历史的运行规律，理解历史背后的逻辑：群体会需要千千万万的东西，但首先请给他们一个上帝。

你千万不要认为，我在上面讲的都已成为历史，现如今，理性已经站稳了脚跟。在感性和理性亘古不变的博弈中，感性至今未被征服。当然，群体已经很少听到“神”或“宗教”这种曾经奴役他们的词了，在过去的一百多年间，他们崇拜的偶像数量达到了最多，曾经的神明也没有这份好运可以让这么多人同时崇拜自己。近年来，研究过大众运动的人应该知道，在布朗热主义的号召下，群众的宗教本能是多么容易而又迅速地复活。在任何一家乡村小酒馆里，都会看到这位英雄的画像被挂在墙上。他被人们视为匡扶正义、铲除邪恶的神人，拥有神力，可以驱赶邪恶，成千上万的人都愿意为他献出生命。他在历史上的地位原本可以居高不下，如果不是他的人格和他的传奇生平相差甚远的话。

由此可见，群体需要宗教。当然，我也无须赘述，因为一切政治、妖魔鬼怪或社会信条，都需要披上宗教的外衣才能深入人心，因为它能把危险的情况排除在外，利用沉默保护群体。如果想让群体接受无神论的观点，也依然需要借助宗教的形式，这就会让那些狂热的排异者立刻对其转为崇拜。说起实证主义这个哲学小分支的演变，它为我们提供了一个非同寻常的例证。与哲学家陀思妥耶夫斯基[①]的名字联系在一起的虚无主义者的故事，很快就会发生在实证主义者身上。某一天，他沐浴在理性之光下，突然醒悟了什么，撕毁了小教堂祭坛上一切有关神明和圣人的画像，一口气吹灭了正在燃烧的蜡烛，立刻挂上了信奉无神论的哲学家——比希纳[②]、莫勒斯霍特[③]的著作，以此来代替那些被自己损坏的物品，然后，他又心怀诚意地点燃了之前吹灭的蜡烛。他所信仰的对象的确变了，然而我们真能说他的宗教热忱也变了吗？

讲到这里，我要再重复一遍，要想了解某些历史事件（尤其是一些影响历史发展的事件）发生的必然原因，就必须研究群体信念采取了怎样的宗教形式。对一些社会现象的研究，我们更需要从心理学的角度去考虑，而不是仅仅从外界环境或自然原理着手分析。史学家泰纳就只从实证角度去研究法国大革

①费奥多尔·米哈伊洛维奇·陀思妥耶夫斯基（1821—1881），俄国作家。陀思妥耶夫斯基的小说戏剧性强，情节发展快，接踵而至的灾难性事件往往伴随着复杂激烈的心理斗争和痛苦的精神危机，以此揭露出资产阶级关系的纷繁复杂、矛盾重重和深刻的悲剧性。

②爱德华·比希纳（1860—1917），德国化学家。由于发现无细胞发酵，于1907年获诺贝尔化学奖，被誉为“农民出身的天才化学家”。 1917年8月13日由于受战伤逝于慕尼黑。

③莫勒斯霍特（1822—1893），荷兰生理学家，庸俗唯物主义的代表之一。

命，因此看不到事件起源的关键问题。他看到了全部的事实，但是由于没有研究群体心理，因此迟迟没有找到真正的原因。大革命中血腥、混乱和残忍的场面让他惊恐不安，但是他只能从这部伟大戏剧的英雄主角身上，看到一群癫狂并且肆意妄为的野蛮人，他们丝毫不对自己的本能进行适当的控制。

我们无法理解这场革命的暴烈，它肆意屠杀，毫无人性可言，它煽动本能，向一切事物发出战争宣言。只有认识到这场革命不过是一种在群体中建立起来的新的宗教热忱时，上面所有的荒谬才会得到恰如其分的解释。宗教改革、圣巴托洛缪大屠杀、法国宗教改革、宗教法庭、恐怖统治时期，都属于同一类现象，都是受到宗教热忱煽动的群体所做出的行为，凡是具备这种宗教热忱的人，必然会用火与剑去清除那些反对建立新信仰的人。宗教法庭会采用的办法，是任何一个怀有真诚和坚定信念的人都会采用的办法。假如他们采用了别的办法，他们就配不上自己的信仰，也不配叫信徒了。

如果想让群体在那些影响历史的事件中发挥作用，就必须让他们的信念发生质的转变，只有这样，群众的力量才能放到最大，即便是最专制的统治者对此也无能为力。当研究历史的学者告诉我们圣巴托洛缪惨案是一个国王造成的时候，就说明他对群体心理一无所知，在这方面，他和那些君王毫无差别。这种事情只能由群体的灵魂来塑造。最至高无上的权力和最专制的暴君虽然会起到一些作用，但充其量只能加快或延缓群体心理发挥作用的时间。圣巴托洛缪级惨案或宗教战争，并不完全是君王们所为，就像恐怖统治也不一定是罗伯斯庇尔[①]、丹东[②]或圣如斯特[③]所为一样。研究事件的本质其实不难，只要我们细细一想就会发现，使整个大环境发生改变或推动事件发展的，绝对不是统治者手里紧握的权力，而是群体的灵魂在起作用。

点评：

在前面的章节中，作者曾提到群体是盲目的，他们没有自己的“主心骨”。但是一旦成功将群体感化，在他们心中建立起信仰，他们就会为此不惜一切，甚至献出自己的生命。这就是宗教热忱，它并不需要民众去崇拜某个具体的神明，只要一个人心甘情愿地去奉献思想、意念、灵魂，那么他就是一个彻头彻尾的信徒。说得再直白一些，宗教热忱就是一种思潮，群体容易受到煽动，也容易受到新思潮的影响。他们渴望被引领，渴望出现一个上帝。这个上帝一出现，群体就会立刻轰然而上，视他为信仰。

作者试图用群体心理来解释法国大革命造成这么大的影响的原因，它血腥、残忍，封建王权最终被手无寸铁的民众赶下了台，面对这个事实，只考虑自然原因是不够的。勒庞一直强调不能忽视了人的作用，更不能忽视群体的作用。群体就像惯性，当社会匀速前进时，我们很难感受到它的存在；但当社会踩了一个急刹

---

①罗伯斯庇尔（1758—1794），法国革命家、政治家。法国大革命时期重要的领袖人物，是雅各宾派政府的实际首脑之一。

②乔治·雅克·丹东（1759—1794），法国政治家、大革命领袖。18世纪法国大革命时期著名活动家，雅各宾派的主要领导人之一。

③圣茹斯特，法国大革命中涌现出的著名政治家，虽然他只活了短暂的二十八年。

车时，惯性的力量就会瞬间凸显出来。当我们是独立的个体时，我们会保持清醒的头脑和独立的思维，可一旦进入群体，是否依然遵从于理智和本心，就要看每个人的定力了。这也在提醒我们，保持独立的见解、丰富的见识和敏锐的判断力有多么重要。

第二卷 群体的思想观念

影响群体思想观念的因素有直接因素和间接因素两种。在19世纪的法国，当作者目睹民众受到领袖的煽动后成了暴民，变得愤怒、暴动之时，他开始从各个角度分析为何结果会变成这样。这其中，民族特性、媒体、时代等因素都起着举足轻重的作用。群众的思想为何多变？如何才能领导群众？答案就在本卷中。

第一章　群体观念的间接因素

提要：

群体信念的准备性因素。

1. 种族因素。它的影响至关重要，起支配性作用[①]。

2. 传统因素。不同的传统是民族精神的综合反映。传统的社会意义。它在失去必要性后会成为有害因素。群体是传统最坚定的维护者。

3. 时间因素。它建立信念，也毁灭信念。在时间的帮助下，信念从无序走向有序。

4. 政治和社会制度。错误的认识。它们的影响力甚小。各民族不能选择自己认为最好的制度。相同的制度名称下掩盖着最不相同的东西。我们为什么可以创造制度。理论上不好的制度，对某些民族却是必要的。

5. 教育。关于教育影响群众的错误观点。统计学上的说明。拉丁民族的教育制度对道德的破坏作用。不同民族所提供的事例。

在前面的章节中，我们已经研究过群体的精神结构，又了解了他们的感情、思维和逻辑方式，接下来，我们一起来看看他们的意见和观念是如何形成的。

影响群体意见和观念形成的因素有两大类：直接因素和间接因素。[②]

间接因素是能够让群体接受、理解某些信念并对其他信念

---

①作者曾在前一本著作中提到民族因素的重要性。

②直接因素是像导火索一样的因素；间接因素是隐藏在群体背后的因素，虽然不起决定性作用，但是它不可缺少。

形成屏蔽或绝缘的因素。这些因素的出现，为培养一些新情况、新观念准备了宽广的土壤。但是，当我们看清这些新观念的本质时，就会大吃一惊。群体思想观念的形成从表象上看是一种自发的过程，但是从深层来说，一些观念在短时间内爆发，被人接受、理解、消化，最终人们付诸行动——这看起来非常荒唐，但是它仅仅是一种表面的结果，背后一定有一些隐藏很久的、不明显的准备性力量在蓄势待发。

间接因素就是这样，缓慢地、长期地进行着量的积累。可以说，没有间接因素的长期累积，直接因素就不可能发挥作用。直接因素是指在间接因素酝酿过程中，促使群体直接行动的刺激因素。换句话说，直接因素使群体头脑中的观念转化为行动，它们是可以说服群体的资源。因此，如果群体突然对一个方案表现出欣赏、迷恋，这时我们就要注意了，这个过程就是直接因素在起作用。比如，一次突然的暴乱或罢工，或是绝大多数人通过表决授予某人推翻旧政府的权力，这些都可以归类为是直接因素在起作用。

在所有重大的历史事件里，我们都可以发现直接因素和间接因素在交互发生作用。为了论证这个观点，我在这里举一个最明显的例子——法国大革命。它的间接因素包括哲学家的主张、贵族的苛捐杂税、对人性的压迫及科学思想的进步等。这些因素在人们的头脑中留下了深刻的印象，一旦他们去听了几场慷慨激昂的演讲，或者了解了政府毫无力度的抵抗，群体就会立刻被这些直接因素激怒。

间接因素具有一定程度的普遍性，它们很难被群体察觉，但是可以通过群体观念体现出来。它们分别是民族、传统、时间、各种制度和教育。

现在我们就来研究一下这五种不同的因素所带来的影响。

种族因素

民族因素必须被列在第一位，因为它的重要性远超其他因素。由于我在前一本著作[①]中对这个问题进行过充分研究，因此无须再对此进行赘述或多余的解释。在前一本著作中，我们说明了什么是古老民族；它有什么显著的特点，以及为什么一旦形成了自己民族独特的禀性，就会遗传给下一代，甚至在不同的代际遗传；这些古老民族的信仰、制度和艺术是什么样的。总之，任何文明成分，都能在民族因素中找到答案。除此之外，我们还向大家证明了，民族性拥有强大的力量，只有在一个民族传播给另一个民族——这种跨文化、跨空间的传播中才会发生深刻的变化。

身处的自然环境、当下的社会环境和正在发生的时事新闻共同组成了一个时代下的社会现状。这些组成部分也许拥有强大的影响力，但是如果和民族因素相对立，那么它们的影响只能是暂时的。换句话说，如果社会上发生的一些事情跟这个民族世代相传的因素相悖，那么这些新闻事件一定激不起很大的波澜。

---

①这本书叫《各民族进化的心理定律》。

在本书后面的一些章节中，我还会经常提到民族的影响。我会向大家证明，民族因素的支配作用有多大，大到能决定群体的气质和性格。这个规律已然表明，世界各国群体表现出来的信念和行为有很大不同，我们不能一概而论，因为各民族在历史长河中形成、发展、壮大的环境背景太复杂多样了。

点评：

民族因素的确是群体心理需要考虑的一个重要因素。不可忽视的是，不同民族的群体之所以会展示出不同的风格，一个很重要的原因就是民族差异性，而本民族所具有的特性，是在自然环境和人文环境的影响下，经过千百年的时间沉淀形成的，具有很强的稳定性，不会轻易被改变。

传统因素

传统因素包括过去的观念、思想、需求和情感。它们是一个民族在综合条件下形成的产物，并且对人类产生着持久而深远的影响。

胚胎学证明了，过去那段不为人知的时间对物种进化产生了巨大影响，也就是从这里开始，生物学发生了变化。如果这种理论继续往其他学科拓展，那么想必历史学将会产生巨大的改变。然而目前人们还没有充分认识到这个问题，因为它未能得到足够的重视和普及。我之所以这样说，是因为这个时代的许多政治家与上个世纪（指 18 世纪）的学者们相比，没有丝毫进步，他们并没有高明多少。这些政治家相信只要遵循理性之光的指引，我们就可以找到一个与过去的社会毫无瓜葛的理想社会，并可以跟随理性之光开辟一条全新的道路，勇往直前地前行。

一个民族就像一个有机系统，是被特定的历史塑造而成的。就像其他有机系统一样，民族只能在历史长河中慢慢积累、慢慢沉淀，在潜移默化中进行改造。

传统支配着每个独立的个体，当这些独立的个体形成群体时，传统依然发挥着重要的作用。人们拼尽全力去改变传统，也只是在名称或外形等形式上的变化。这一点我曾经多次提到。

也许有人会为我们无法改变传统而感到遗憾，其实这并不是什么遗憾的事情。传统无法改变，脱离了传统，无论是民族还是文明，都将不复存在。因此，我们可以说，人类诞生之后，就有了两项任务：一个是建立起传统结构；另一个是当传统带来的有益成果正在减少时，努力摧毁这种传统。我们都说"破旧立新"，不将传统破坏掉，新的文明就不可能出现，人类就不可能进步。但令人头疼的是，如何在稳定和求变之间找到平衡，这对民族来说的确非常难。如果一个民族固守传统，那么这个民族一定不会有所改变。面对这种情况，暴力革命根本无法起作用，因此后果只有两种：一种是断掉的锁链重新连接在一起，传统因素和往常一样获得支配地位；另一种是锁链无法连接，人们也漠不关心，国家变得混乱不堪，无政府状态成为常态，国家迅速萧条没落。所以，对一个民族来说，理想的状态就是保留传统制度，进行像小溪流般缓慢的、不易察觉的改革。这个事情不容易实现，能做到这一点的目前似乎只有古罗马人和近代英国人。

固守传统观念，顽固反抗变革的是群体，更严重的是根据社会构成等级来区分阶层，这种现象最为顽固。我详细论述过群体的保守主义，并且已经证明过了，暴力革命只会造成名称或名号上的变化。上个世纪末（18世纪末），教堂被毁，神父们要么被驱逐出国境，要么殒命于断头台，这种假象会迷惑人们，使他们认为旧时代的陈旧观念已经被废除了。但是没过几年，为了顺应群众普遍的要求，被禁止的公开礼拜制度又照旧建立起来了。旧传统暂时消失了一段时间，又重新恢复了其影响力。

这个事件充分证明了传统对群体心理持久而深远的影响力。最令人信服的偶像，并不在庙堂之上；最专制的暴君，并不在宫殿里，它们瞬间就可以被倾覆得体无完肤。那是一个我们看不见的主宰，它在我们的灵魂深处掌控着我们的自我，所有火力都朝它扑来，但是所有的反抗都将是徒劳，这个隐性的主宰只能被慢慢磨损，而这个过程往往长达几百年。

点评：

在本节最后，作者提到了一个隐性的主宰，这个主宰其实就是传统。群体思想观念一定会受到传统因素的影响，这很好理解。以中华民族的传统为例，中国人一代一代地继承着中华文明中很多宝贵的传统，其中就包括对亲情的重视，尽管几百年、几千年，人们的生活方式发生了翻天覆地的变化，但游子们仍然会于春节返乡，与家人团聚，甚至由此产生了一个规模庞大的新现象——春运。

由此可见，即便一种全新的思想观念在中国大面积撒网，但它对传统的冲击只能是徒劳。这个规律也同样适用于其他民族。文明、民族、传统相伴而生，三者相互影响、相互渗透，成为影响群体思想观念的关键因素。

时间因素

时间对社会问题而言，就和时间对生物学问题一样，是最有力的因素之一。它是唯一且真实的创造者，也是唯一且伟大的毁灭者。正是时间积土成山，把地质时代难以辨清的小细胞逐渐转化为人类，可以说，是时间赋予了人类尊严和高贵。几个世纪带来的影响足以改变所有固化的现象。人们说的没错，时间可以改变一切，如果蚂蚁有充足的时间，那么它完全可以将勃朗峰[①]夷成平地。如果有人掌握了控制时间的魔法，他便具有了上帝所赋予的无限权力。

不过，在这里，我们只需要讨论时间是如何对群体观念产生影响的，从这个角度看，时间依然起着重要作用。如果没有时间，民族便无法形成，正如很多重要的因素一样，一切信仰的诞生、成长和消失都要靠时间。它们的生命力由时间赋予，靠时间汲取和丧失力量。

---

①又译为“白朗峰”，是阿尔卑斯山的最高峰。

再具体一些，正是时间形成了群体的思想观念，至少可以说，时间给这些思想观念的形成提供了土壤。为什么一些观念出现在了这个时代，却不能产生在那个时代，原因就在于此。时间将各种碎片化的思想观念累积在一起，使它们在一个恰当的时代爆发能量。这些观念的出现绝非像掷骰子一样偶然，它们都在悠久的历史中扎根并生长了许久。它们要开花结果时，时间早已为它们准备好了合适的条件。如果想了解它们的产生，就必须探究历史、回顾过去。这些思想观念既是历史的儿女，又是未来的母亲，却只能一直当时间的奴隶。

所以说，时间才是支配人类的真正的、可靠的主人，我们能做的，就是不去干扰它，让它自行运行，我们只需要观察究竟会有什么新变化出现就够了。现如今，我们能看到群体中诞生了令人毛骨悚然的欲望，它的背后预示着破坏和骚乱，这足以让人胆战心惊。但是这一切，只能让时间去平复，除此之外别无他法。拉维斯[①]先生说得非常正确："没有哪种统治形式可以在一夜之间建立起来。稳定的政治和社会组织需要几个世纪才能打造出来。封建制度在建立起它该有的秩序前，也经历了数百年毫无章法、杂乱无序的混沌时代。君主专制也是在经历了数百年之后，才找到了统治的章法，才有规律可循。那段产生前的等待时期是极为痛苦的。"

---

①埃内斯特•拉维斯，法国历史学家，生于埃纳省努维永。

点评：

在所有间接因素中，时间因素是最宏观的。它是整个时空中最坚实的锁链，连接古今，贯通历史。正如罗马城不是一天建成的，很多历史事件的发生绝非偶然，从时间这个角度就可以给出很好的解释。不过值得我们注意的是，虽然作者提到了“我们只需要讨论时间是如何对群体观念产生影响的”，但是相关论述还是较为浮浅，同时，以时间因素作为所有历史事件和群体形成思想观念的原因，未免有些偏颇。

政治和社会制度

现如今，关于制度的某种观念依然在群体中得到了普遍认可：制度可以修正社会的劣势，弥补社会的不足；制度和政府相互作用的最终结果就是国家繁荣兴旺、不断进步；制度可以为社会带来新的变革，它是通过各种命令来实现的。这些问题是法国大革命的起点，也是目前很多社会学说的基础。

在我看来，即便是多年的经验和教训，也依旧无法动摇这个荒谬的看法。哲学家和历史学家一直在努力证明，但是最终没能证明出来。在长期的验证中，他们证实了制度是观念、思想感情、传统习俗的产物，而观念、思想感情或传统习俗并不会因为典章制度的改写而改变。一个民族并不能随心所欲地选择想要的制度，就像我们无法决定头发或眼睛的颜色一样。政治制度是民族的产物，它并不是时代的创造者，而是在时间这个宏观因素下被时代所创造出来的。人民一时的奇思怪想不能决定他们会受到什么形式的统治，但正是由于人民这种善于奇思怪想的性质，才决定了他们终究要被统治。一种政治制度的形成需要数个世纪，要改变政治制度也需要同样的时间。各种制度并没有优劣之分，因为它们各有特点，也谈不上好坏。在特定的时空下，对一个民族有益的制度，说不定会对另一个民族产生危害。

上面我们说的是时代创造制度，而不是制度选择时代，以及人们并没有选择制度的机会或权利。更进一步说，一个民族也没有真正改变制度的能力。就像我们前面所说的那样，暴力革命无疑可以改变它的名称，但是依然无法改变它的本质。名称只不过是一个个没有用处的标签或符号，历史学家在深入研究事物本质的过程中，多数都不在乎什么名称。正因如此，被认为是世界上最民主的国家——英国，至今仍然生活在君主专制的统治下，而专制和压迫非常盛行的竟然是那些原属西班牙的美洲共和国，更令人啼笑皆非的是，它们都有着共和制的宪法。决定各民族命运的是民族性格，而不是它们的政府形式。关于这一点，我在前一本书中已经通过充分的案例来论证了，这里无须赘述。

所以说，把时间浪费在如何让宪法更通顺这样的事情上，简直就是小孩子的幼稚把戏，是无知的修辞学家在做的无用劳动。我们能够做得最聪明的做法，就是任由时间和必然性发挥其作用，因为它们能够承担起完善宪法的义务。盎格鲁－撒克逊人就一直沿用这种方法，这和他们伟大的史学家麦考利①曾在

①麦考利，英国历史学家、政治家。著有《自詹姆斯二世即位以来的英国史》（即《英国史》）。

一篇文章中告诉我们的有异曲同工之妙。拥有拉丁民族血脉的各国政客应当认真学习这种方法。在那篇文章中，麦考利首先提到了从纯粹理性的角度来看，一些充满矛盾的法律条文所带来的好处；其次将拉丁民族在动荡中产生的几十条宪法和英国宪法进行比较；最后得出结论：英国宪法是缓慢地发生变化的，它所受到的影响是具有必然性的，尽管这些必然并不都是纯理性的东西，但是它依然吸收了，并且没有用到完全理性的思考。

“绝不考虑系统性，而是从是否方便实用的角度来考虑；从来不会因为差异的存在而消除差异，他们绝不会轻易否定，除非感受到了痛苦——因为感受到了痛苦，所以想极力消除这种痛苦，否则绝不创新；他们只针对具体设定的情景做出规定，绝不会制定抽象的法律条文①。上面提到的这些特点，或者说原则，一直引领着英国人民从约翰王国时代到维多利亚女王时代的二百五十个议会的运行，英国议会之所以能够这样从容不迫，的确是有原因的。”

要想了解各民族的法律法规或者其他制度究竟能在多大程度上表达人民的需求或呼声，就不能强行变动法律条文，而是要一条一条地筛查和研究。例如，研究中央集权制的优势和劣势，就可以从哲学的角度入手。可是，当我们看到一个多民族国家花了近千年才完成统一、巩固了集权制时；当我们看到一场目标是摧毁一切旧制度的大革命也别无选择地尊重这种集权制度，

①英国的法律与中国大陆的法律有明显的区别，那就是中国大陆的法律是抽象的条文，没有具体的案例；而英、美等国家的法律属于判例法，较关注具体的案例。

甚至进一步强化集权时，我们就应该承认它是人民迫切情感下的必然产物，是整个民族得以存在的前提和条件。对那些只在口头上摧毁了这种制度的政治家们，我们也应心怀怜悯，因为他们的智商太低了。如果他们真的成功了，那么恐怕又是一场危机的预警，因为它又会带来一场狂暴的内战，一种比旧政权更具压迫性的集权制度就会登上历史舞台。

我们可以从上面的论述中得出一些规律，那就是想要影响民族性格，在制度中是绝对找不到出路的，而必须从制度以外的地方去寻找。像美国这种建立了民主制度的国家可以高度繁荣，而那些在极为相似的制度下的原属西班牙的美洲国家，却生活在水深火热之中。看到这里，我们就应该承认，制度和一个民族是否伟大或衰落无关。而一个民族繁荣或没落，取决于民族性格，任何不适合民族性格的制度只不过是一件不合身的衣服，它只是暂时的伪装。所以说，政治和社会制度的制定一定要根据本民族的性格量身定做。

毋庸置疑的是，为了在社会上强行建立起某种制度而发生的暴力革命或血腥战争一直在发生着，而且这样的态势在持续扩大。不过，这种制度就像被赋予了某种超自然的神秘力量，人们对待制度就像对待圣物[①]那般，认为两者都能为自己带来幸福。所以，从某种意义上可以说，制度可以对群体的头脑产生

①基督教的象征物品，即基督教圣物，基督教圣物包括金约柜、都灵裹尸布、圣杯、圣包皮、真十字架、朗基奴斯枪、圣钉、圣荆棘冠、圣帕、圣袍、圣骨、基督圣像、基督圣甲虫。

反作用，能够煽动群体心理，造成大动荡。但是这种所谓的煽动性并非来自制度，原因就是我们知道的，不管结果是成功还是失败，制度本身并没有多少价值。引领群体心理的是一种无形的幻觉或字眼，尤其是一些字眼。在下面的内容中，我会简单揭示字眼令人震惊的影响力，虽然它们看起来空洞无力，但实际上非常具有煽动性。

点评：

社会政治制度是我们了解社会或国家运行时必须要考虑的重要因素。法国大革命兴起时，社会上出现了许多不同的声音，学者们对这种现象非常感兴趣，于是展开了大量讨论。而社会上的各种纷争，归根结底就是社会问题。当时的法国，各民族并没有完全融合，因此集权制度是当时最有力量的统治策略。

不可否认，民族性格会影响社会进程、社会发展方式、教育内容、生活方式等，但是如果仅仅认为民族性格是根本因素，可以决定国家统治的方式，就未免有些感性了。人的力量是强大的，当所有人聚在同一片土地上时，性格就会发生改变，很多东西不是那么绝对的。所以，我们应该辩证地看待作者在书中提到的一些观点。

教育

在当前这个时代中，很多观点都得到了人们的认同，其中最重要的观点就是关于教育的。这个观点认为，教育一定能够塑造人、完善人，从而达到人人平等的理想境界。在不断地重复中，人们已经相信了这种主张，使它成了一种定论，甚至是一种金科玉律，成了最牢不可破的民主信条之一。如果有人试图去反驳它，恐怕和过去反击宗教信仰一样困难，这足以看出这种观念已经被人们信念化、真理化了。

不过在这个问题上，民众的态度跟心理学和学科经验所证明的结论完全不同。人们认为教育的确有上述功能，它可以感化人、培养人。但是，包括赫伯特·斯宾塞[①]在内的许多杰出的哲学家、教育家都轻而易举地表明，教育不会向民众所想的那样，使人高尚或幸福，教育不可能改变人的本性或天生的感情。

至少统计学家已经印证了这个观点，他们从一系列数据中得出了这样一个结论：犯罪率会随着教育（至少是某一类型的教育）的普及而升高，潜伏在我们身边的最危险的公敌，也就是反政府主义者，他们都是在学校里获得过大奖的学生。杰出的法官阿道夫·吉略特约先生在自己的新作品中提及：文盲群体中每发生一千件犯罪行为，受过教育的群体中就会相应地发生三千件犯罪案件。在过去五十年中，社会人口的犯罪比例从每十万二百二十七人上升到了每十万五百五十二人，增长了百分之一百三十三。作为法官的阿道夫先生和像斯宾塞这样的哲学家一样，都注意到了，青少年的犯罪率增长得尤其严重。人们都知道，法国的免费义务教育已经取代了曾经的收费制。

我们不能否认教育的重要意义，如果谁认为“即使受到良

①赫伯特·斯宾塞（1820—1903），英国哲学家、社会学家、教育家。他为人所共知的就是“社会达尔文主义之父”，所提出的一套学说把进化理论适者生存应用在社会学上尤其是教育及阶级斗争上。

好的教育也不能产生什么有意义的影响”，那就大错特错了。虽然现在的职业教育不会提升学生的道德水平，但它可以在提高职业技能方面产生实用价值。不过令人遗憾的是，拉丁民族坚持把自己国家的教育制度建立在动荡不安、错误明显的原则上，尽管在过去的二十五年间，布吕尔、福斯特尔·德·库朗热、泰纳等很多优秀的学者都发现了这一问题，但事态已经无法改变。我在曾经出版的一本书中指出，法国的教育制度让大多数受到教育的人变成了社会和人民的公敌，把莘莘学子赶向了极端的社会组织形式。

说起来，拉丁民族和这种教育制度有一定的相适性。这种教育制度的一大危害，来自这样一件事：其核心思想是通过死记硬背来培养学生的能力，这从心理学的角度来说是完全不对的。一旦学校接受了这种观念，学生就会被强制地灌输课本内容。从小学到大学，学生们什么都不干，就只是坐在那里被动地接受课本上的知识，完全无法发挥个人的主观能动性。对他们来说，上学就是听老师的话和背好课本，这是一件十分枯燥的事情。

“学习学校课程，背诵核心语法，将要考的大纲牢记在心，熟练背诵，出色地默写”，原公共教育部长朱勒斯·西蒙先生这样写道，“这实在是非常可笑的教育方式，因为所有工作都在盲目肯定和相信教师是至高无上的，他们不会犯错，拥有绝对权威。长期下来，唯一的结果就是孩子会在未来的生活中贬低自己，无法正确看待自己，最终走向堕落和无能。”

如果上面我所提到的教育方式仅仅是无用，倒也无妨，我们还可以向不幸的孩子表达同情，虽然他们没有在学校教育中学到什么核心知识，但最起码知道了克洛泰尔[①]几个儿子的家族情况、诺伊施特里亚[②]和奥斯达拉西亚[③]之间的冲突，以及动物的分类。可事实是，这种制度只会让学生沉浸在自己出身低微的无用情绪中，他们会对父辈的悲惨境遇产生持续的不安和抱怨，渴望逃避这种不好的境遇。工人不愿意再当工人，农民不愿意再当农民，处于社会中下层阶级的人们不想让他们的孩子从事任何职业，除了成为政府公务员，靠着编制旱涝保收。斯宾塞曾提出"教育是为了完满的生活做准备"，而法国学校目前的教育，不是让学生为了生活做准备，而只想让他们从事公务员的工作，然而值得注意的是，成为公务员绝对不需要什么明确的人生定位和自我职业规划，当然，也不需要任何独立思想和创新精神，一丁点儿都不需要。

这种教育制度将社会底层人民培养成了一支无产阶级大军，他们对自己的命运感到不满，随时都愿意出来造反；而教育又把处于顶层阶级的人们培养成了一群浮夸的资产阶级，他们既多疑又容易轻信别人。面对国家，这群人既怀有迷信般的信任，把政府视为天理，又不时地表现出对国家的敌意，总是把资产

---

①克洛泰尔一世，是法兰克王国墨洛温王朝的开创者克洛维一世的幼子，历史上第二位统一法兰克王国的国王，但他去世之后统一的王国被他的儿子们再次瓜分。

②法国历史上的一个诸侯国。

③法国历史上的一个诸侯国。

阶级与生俱来的问题推给政府。可是一旦没有了政府，这些人就像无依无靠的野草，一事无成。

国家用教科书培养了大量拥有文凭的人，却只能满足一小部分人的愿望，其他人只能无事可做。这样看来，国家只能把工作岗位留给那一小部分人，而把剩余的大部分人都变成了那一小部分人的敌人。下到金字塔底端，上至金字塔顶部，从基层公务员到教授和其他地位显赫的人，大家都高举着自己的文凭寻找岗位。经商人士想找到一个帮手代替自己打理海外业务困难至极，与此同时，有很多人都在寻求哪怕是最低的公职，只要工资差不多够生活就可以了。仅在塞纳[①]一地，就有两万名男女教师失业，他们看不上工厂和农田里的工作，只想从国家那里获得一份体面的工作。但事实上选中的人是少数的，其他落选的人都心怀怨恨地走向社会，随时准备报复国家、引发革命，无论领头羊是谁，也无论是为了什么。如果你是一个国家的领导者，想看到这样的局面，那么只需教给国民派不上用场的知识就行，这个方法百试百灵。

显然，事到如今，我们无法迷途知返了，也回不到过去的时光了。各民族、各国家最好的教育者就是经验，唯有经验能告诉我们自己哪里错了，也只有经验能够证明，我们必须废除掉那些深恶痛绝的参考书和可悲的考试，用职业教育取而代之，这样才能让如今的年青一代回到工厂和农田，回到那个他们不

---

①塞纳－马恩省是法国法兰西岛大区所辖的省份，是大西洋温带气候区域。该省总面积五千九百一十五平方千米，约占巴黎大区总面积的一半。

愿面对的殖民事业。当今，所有眼光长远的有识之士所呼唤的职业教育，就是我们的祖辈父辈接受过的教育。当代很多大国都采用这种方式来教育国民，它们凭借着独立的意志、开创进取的能力和奋进的创业精神，统治了整个世界。伟大的思想家泰纳先生写过一系列重要著作，我将会选取他著作中的一部分来宣传他的思想。在著作中，他提到，我们国家过去的教育制度和现今英、美两国的教育制度非常相似。他的论证很有逻辑，条理清楚。他在深刻对比了拉丁民族和盎格鲁－撒克逊人的教育方式后，提出了两种教育制度的不同。

如果让孩子们继续接受古典教育，让他们可以一字不差地背出教科书中的内容，这样可以提高他们的智力，这或许能说服我们，然后咬着牙继续忍受这种传统教育制度的种种弊端。但是，我们真的能够继续忍受其弊端吗？不！我们不能！在生活中，真正衡量一个人成功与否的，是独立的判断力、丰富的经历、不断进取的精神、坚持不懈的意志和有趣的人格，而这些宝贵的品质在书本中是学不到的。教科书更像字典，只是用来查阅的，强行将这些知识塞进孩子们的头脑里简直毫无用处。

如何才能证明职业教育可以提高人的能力，并且其效果远高于传统教育呢？泰纳先生做过非常出色的论证。

泰纳说："头脑，只有在正常的自然环境中才能自然形成。我们的头脑只有处在感觉器官的无数感受中时，才能得到成长，这需要年轻人每天在工厂、矿场、法庭、研究所、建筑工地、医院中获得大量感受；他们需要亲自看到各式各样的工具、材料和具体的操作方法；当然，他们也需要和顾客、同行及其他工作者一起感受自己做得是好是坏，亲自去确认自己的劳动在最后呈现的结果是赚是赔，只有这样，他们才能获得更多、更细腻的感受。只有这样做，才能让学生看到、听到、摸到甚至从嗅觉中感受到更多细节。虽然这些细节非常细微，但是对他们的学习和生活都有巨大帮助。当他们在无意识中获得这些感受后，通过时间和精力的酝酿，他们的心智就会渐渐变得成熟，迟早会领悟到过去没有机会了解的感受，掌握过去没有学习到的新方法：如何组合、简化、节约、改进和创新。

“充满朝气的法国年轻人，在最具有创造力的年纪，却被剥夺了宝贵的体验和必不可少的学习因素。他们就这样持续七八年被关在学校里，失去了一切亲身体验的机会，由于对世界没有更清楚的体验，因此无法精准、鲜明、深刻地理解这个世界上的人和事，也无法掌握应对各种问题的方式。

“我们至少可以说，十分之九的人把决定人生的最宝贵的时光浪费掉了，他们付出的时间和心血也白费了。我为什么这么说，请从他们的生活经历来看看吧。首先，有二分之一到三分之二的群体花一辈子的时间为了一纸文凭而努力，这里指的是那些频频落榜的；而另一半或者三分之二的人，他们成功地拿到了学位证书或文凭，变成了我所说的‘被资本家榨干了的人’，他们为了考试而超负荷工作，每天坐在硬板凳上，或趴在书桌上，连续两个小时甚至更多的时间，把成堆的知识变成一本本活字典。他们要做到精准、正确或接近完美，这的确太难了，这样的要求也实在是很过分的。不过，他们在当时的确是活字典一般的存在，但是考完试后，就什么都不是了。那些超负荷的知识会源源不断地流走，大脑也无法再补充新的东西了。①

“他们的能力在不停地倒退，继续成长的力量逐渐枯竭，尽管他们已经掌握了非常多的知识，但是他们已经被榨干了，他们在一个地方安顿下来，成家立业，找到了合适的工作，在岗位上一直努力地做着自己的本职工作，也逐渐把自己封闭在所谓的工作职能中，他们的确刻苦勤奋，本职工作做得非常好，但也仅此而已。这就是不出彩的、非常平庸的生活，收益和支出完全不对等。英国和美国就像1789年以前的法国一样，收入和支出持平，甚至还有盈余，这是一个和之前完全不同的结果。”

之后，这个著名的心理学家又向我们解释了目前法国的教育制度和盎格鲁-撒克逊人的差别。后者并没有我们那么多的特殊学校②，他们所接受的教育并不是以灌输理论为主，而是建立在各种实践和直接经验之上。举个例子，他们的工程师都是在工厂车间接受训练的，而不是在学校里学习理论知识，这种方法可以让每个接受教育的人都能充分发展自己的能力——首

①作者前瞻性地看出了当时法国教育的弊端，对当代中国教育很具有参考价值。
②是为残疾儿童准备的学校。

先，他是一个学徒或工人，如果天资聪颖，他定会发展成一个工程师。和让二十岁左右的人坐在考场中，用持续几个小时的考试来决定其一生的做法相比，盎格鲁－撒克逊人的做法更加民主、公正，对社会的发展也更有利。

“那些很早就在医院、矿场或工厂里，在建筑师或律师的办公室中一步一步完成自己学徒生活的学生们，就像在律师事务所学习的律师助理或画室的实习生一样。在开展实际工作之前，他们接受过一定的基础和总纲式的指导，这样就有了一个整体框架来装填和获取很多信息。同时，他们可以在实习之外的课程中充实和提高自己，让学到的理论和自己获得的直接经验相对应，从而使他们的日常经历协调一致。通过这样的教育方式，学生的实践能力会逐渐提高，整体能力会趋于完善，发展方向也能和社会需求相匹配，最终找到一份自己热爱的，且愿意投身的工种或职业。

“这种方式可以让英国和美国的年轻人在较短的时间内快速发展自己的潜能，为自己在社会中找到一个合适的地位，在二十五岁甚至更早的时候，如果他非常适合某个工种，并且自己也非常勤奋，那么他不仅会变成这个群体里的“一把手”，而且还会积极进取，他将不仅是机器的一部分，而且是机器中最核心的部分——也许是发动机。”

关于拉丁民族教育制度和如今法国社会生活实际需要之间的巨大差距，这个伟大的哲学家得出了以下结论：

“教育分为三个阶段，即儿童期教育（小学）、少年期教育（中学）和青年期教育（大学），如果在这三个阶段让学生们坐在教室的桌椅上学习晦涩难懂的理论，而且一学就是很长时间，这对学生来说简直就是折磨。除此之外，他们为了考试、获得一纸文凭而花费的时间也非常多，这已经丧失了教育的本质，变成了学生的一种负担。我们国家选用了一种非常扭曲的教学方式，它与社会严重脱节，过多地延长了学生的学习生涯，使得社会实践的时间过分延后，再加上所谓的学校寄宿制、“填鸭式”教学[①]、高强度的学习，完全不考虑培养出来的学生能否在未来发挥社会功能，不考虑他们不久就将步入现实世界，不考虑他们是否可以在教育生涯结束后更好地适应和融入人际社会，也不考虑人类共同面对的各种社会问题，更不考虑他们要学会保护自己，以及他们在世界上立足所需要的各种技巧、装备、必要的训练和美好的品德。

“日常生活中所需要的理性、过人的勇气、超强的毅力才是年轻人最需要的、最必不可少的装备，但是法国的学校就是不将这些东西教给年轻人；而且，如果只是不教给他们这些就算了，更要紧的是，当今的国家教育还在一点点地破坏学生在现实中生活的能力。当他们离开学校的象牙塔，走向这个喧嚣的社会后，就会发现，往前的每一步都在走向深渊，结果就是他们会长期处在受挫、自我否定或压抑、悲伤的状态之中，有时候甚至会患上精神疾病，这种现象会持续发生，最终会影响

①作者的很多见解至今仍熠熠闪光。

到他们的人生。这样的试验是非常危险的，后果是十分严重的。在这个过程中，精神和道德的均衡发生了剧烈震荡，失去了原有的平衡，会产生无法复原的风险，所有美好的幻想都破灭了。欺骗性太强了，失望就会越积越多。”

我上面所说的是不是偏离了本书的主题，和群体心理没有什么关系呢？我认为并非如此，如果我们想了解从群体中衍生出来，迅速成长并发展壮大的各种想法或者思想、情感，就必须理解孕育它们的土壤到底是什么样子的。一个国家开展教育，最终的目的是希望每个人都能得到应有的发展，更好地为国家和社会服务，但是目前法国的年轻人所接受的教育，让我们不得不怀着最悲观的心情去看待这个国家的未来。教育是改善群体精神或恶化群体精神的关键因素，所以我们必须要讲清楚现行制度，尤其是教育制度是如何塑造或影响群体的。原本善良、温和的群体一步步变成愤愤不平、心怀怨恨的大军，他们随时可以听从于任何巧舌如簧之人的语言诱惑，抑或暗示①，如今我们看到的反政府大军的势头，来自教室；铺平道路，为拉丁民族走向衰败埋下伏笔的，也是教室。

点评：

在本节中，作者主要介绍了教育这一间接因素。在有的人看来，作者所论述的内容跟群体心理没有多大关系。但事实上，教育是影响群体心理的一个深远、持久的重要因素。作者在文中鞭挞了法国教育制度，指出法国教育制度会毁掉一代代年轻人，在

①培养学生独立思考的能力非常重要。

本该体验世界、感受生活的人生重要时段，这些年轻人却被迫在学校里学习枯燥乏味的理论知识。勒庞通过论述法国教育的种种弊端，引出了“填鸭式”教育对人性的摧残，而一个失去理性和判断力的人很容易在群体中迷失自己，因此本节最后指出，教育对群体心理的影响是非常巨大且深远的。

勒庞在文中提到了中国的教育，虽然他是针对他所生活的年代提出的，但他指出的很多问题都非常到位，对我们当前的教育仍有借鉴意义。目前中国的教育以应试为主，当然，所有教育最本质的目的都是培养发展的、拥有独立性格的人，使培养出的人最终为自己的国家服务。但是现如今的中国教育，还存在很多问题需要我们注意。

首先，中国的教育还是以应试为主要目的，似乎只要能顺利通过各种升学考试，教育的目的就达到了。可是长此以往，教育模式就很容易出现问题——教育不再注重人性的修炼和人格的培养，只是用分数来衡量学生，造成学生的综合能力得不到发展，一旦他们从象牙塔中走出来，就会滋生很多社会问题。

其次，中国的教育目前仍以学习间接经验为主，直接经验被一而再再而三地挤压，学生学习的知识脱离了实际，很容易造成经验断层。社会的变化日新月异，课本知识一定要和社会相结合。但是在目前的中国学校里，直接经验和间接经验联系得并不是那么密切。

最后，学校课程忽略了对学生批判性思维和独立性思考的培养，很多学生进入大学后仍没有独立判断的能力，只知道学习学校为专业、院系设置的课程，长期下来，他们很容易被所谓的“舆论领袖”或者煽动性的声音裹挟。

所以，本节所讲述的内容对中国的教育有着很强的警示意义。每个人都应该有对这个世界的独立思考，不管这种思考是成熟的还是幼稚的；是凭自己的喜好决定的，还是深思熟虑后综合各个立场决定的，都是我们自己的声音。不管我们接受过什么样的教育，对自己内心的修炼都不能停止，培养独立人格是每个人都必须面对的人生问题。

第二章　群体意见的直接因素

提要：

1. 形象、词语和套话。词语和套话的神奇力量。词语的力量与它所唤起的形象有关，但独立于它的真正含义。这些形象因时代和民族而各有不同。常用词语含义多变的实例。给旧事物更换名称的政治效用。民族差别造成的词义变化。“民主”一词在欧洲国家和美国的不同含义。

2. 幻觉。幻觉的重要性。在所有文明的起源中都能发现幻觉。群体更喜欢幻觉而不是真理。

3. 经验。只有经验能够使必要的真理在群体心中生根。经验只有不断地重复才能生效。群体需要付出很多经验代价才能改变。

4. 理性。它对群体没有任何作用。群体只受无意识感情的影响。理性在历史中的作用。那些不可理解的事件发生的真正原因。

在上一章中，我们讨论了间接因素对群体心理的影响，这些因素使特定的观念或情感得以发展。除此之外，我们需要在下面的内容中继续研究直接因素的作用。不过，如何才能让直接因素充分发挥作用，要到第三章才能看到。

我曾在本书的第一卷里研究过群体的感情、观念和逻辑，根据我们所知道的知识，概括影响群体心理的方法显然不难，我们完全可以归纳出综合性的原理。现在，我们已经知道了什么可以激发群体的想象力，也明白了暗示的力量和传染性，特别是形象的暗示。不同的直接因素会通过不同的方式影响群体心理，带给暗示无形的力量，所以我们必须分别研究。这样的研究并不是没有用处的。有的时候，群体就像古希腊神话中的斯芬克斯①，如果不想乖乖被它吃掉的话，我们必须找到它所规定的答案。

形象、词语和套话

我们在第一卷研究群体的想象力时已经知道，群体心理特别容易受到形象的影响，它易于被其左右。但是我们又清楚一点，形象并不是随时都有的，也不总是用手工制作的，它需要借助关键词来巧妙激活。一旦使用得足够巧妙，出来的效果就如同有魔法师助力一般，能够在群体之间掀起狂热的风暴，也可以止息暴乱。因为关键词和套话而死去的人，如果将他们的尸体堆起来，恐怕比古老的齐奥普斯②金字塔还高。

关键词的威力与它所要塑造的形象有关，因为关键词会产生和释放出巨大的力量，但是又跟它们的真正含义无关。有的

①斯芬克斯，最初源于古埃及神话，也常见于西亚神话和古希腊神话中。它是带翼狮身女怪。

②齐奥普斯，古埃及第四王朝法老胡夫，他在位期间为自己建造了最大的金字塔，高达一百四十六点五米。

时候，词义越笼统反而越有力度，如民主、平等、自由等词语，它们的含义其实是模糊不清的。即便是一些长篇幅的大部头书籍也很难精确定义它们的含义。但是，正因为其概念模糊，才具有真正的魔力，成了似乎可以解决任何问题的灵丹妙药，包含了人们深深的渴求和各种有待实现的希望。

讲道理是对抗不了关键词加套话的威力的。只要一出口，就能震慑住群体，人们都会像着了魔一样毕恭毕敬，俯首而立。有不少人认为这是大自然的力量，甚至是超自然的力量。这些关键词加套话会在群体心中唤起一种笼统的形象，由于它们无法被言说，所以那种神秘的感受就会越发强烈。它们就是隐藏在祭坛背后隐性的神明，信徒只要一靠近，就会颤抖、恐惧和无条件地相信。

关键词唤起的形象与它们本身的含义并不相关。在不同的民族、不同的时代中，关键词所唤起的感情、所具有的形象会随之变化，但是套话没有改变。那是因为特定词语带有特定时代的形象或色彩，它们可以激活这些形象，调动原本的色彩，就像控制电话的按钮一样。

并非全部的关键词和套话都有唤起形象的力量，有的关键词曾经有过这种力量，但是因为被使用得太多，因而丧失了所有意义，人们就像拥有了抗体一般，对这些词语失去了反应。它们听起来很空，最主要的作用是不让人们动脑思考其中的意义。我们完全可以用儿时学到的一些套话或俗话武装自己的头脑，然后我们就拥有了应付生活所需的一切，也不需要再费脑筋去思考。

语言是一门很有意思的学问，去研究它就会发现，词汇在漫长的历史长河中极少变化。但是同一个词语，其词义和所具备的形象却在不停地发生变化。正是由于这个现象，我在另一本书中得出了一个结论：精确地翻译一种语言是不可能的，尤其是那些已经消失了的古代语言。当我们把拉丁语、希腊语或梵语[①]翻译成法语的时候，我们是否意识到了到底发生了什么？甚至我们在努力了解一本两三百年前出版的法语书时，设想究竟会发生什么？我们是否只是用当代生活赋予我们的概念和形象，去替换在古代民族心里形成的另一个概念或形象，而他们所处的时代和环境与当前没有任何可比性。

处在大革命中的人们以为自己在模仿古希腊和罗马，但那不是真正的模仿，他们除了给古代词语新增了一些从未有过的义项之外，还做了些什么呢？同一个词语在今天所蕴含的意思，能和遥远的古希腊存在相似之处吗？那时候的古希腊，“共和”本质上是贵族制，形式是一小部分暴君联合起来统治绝对屈服于自己的奴隶。所谓的“共和”就是建立在奴隶制上的贵族集权统治。没有奴隶制，“共和”就无从谈起。

让我们再来谈谈“自由”这个词。在古希腊时代，人们从

---

①梵语，印度语言之一。汉传佛教称此语为佛教守护神梵天所造，因此称其为梵语。现代语言学研究表明，梵语是印欧语系印度语族的一种语言，是印欧语系最古老的语言之一，同时对汉藏语系有很大的影响。

来不知道思想自由为何物，凡是妄加评论城邦众神、法律或城邦习俗的，都犯了极大的罪恶，所以说那个时代所谓的“自由”跟这个时代赋予我们头脑中的“自由”有什么相似之处呢？对雅典人或斯巴达人来说，“祖国”这个词究竟指的是什么呢？其实，在他们眼中，“祖国”只不过是雅典人或斯巴达人祭祖的地方，它绝对不是指那个常年内战不断、各城邦国相互敌视的古希腊。让我们将视野转到古代高卢，“祖国”一词又有什么含义呢？古代高卢分成了很多相互抗衡的部落和民族，不同的部落使用着不同的语言和宗教，最后因为恺撒总能将不同的部落分化，并为自己找到盟友，从而轻松征服了他们，所以是罗马把高卢缔造成了国家，而其中一个非常关键的原因就是罗马统一了高卢人的政治和信仰。

不用说那么远的事情了，就说在两个世纪之前，难道我们应该认为，和外国人联合起来共同抵制本国君主的法国亲王大孔代[①]，他对“祖国”一词的理解和我们今天所定义的一样吗？除此之外，法国保皇派的流亡者也用“祖国”这个词来表达和我们现在所理解的意思完全不同的含义，他们认为，和法国对抗是此生的荣誉，是为荣誉而战。从他们的角度来看这件事，他们的确守住了气节，因为封建制度下的法律规定，诸侯应该效忠的是他们的君主而不是领土或土地，所以君主走到哪里，

①路易二世·德·波旁是法国波旁王朝的贵族，法国著名的军事家和政治家，承袭孔代亲王爵位和昂基安公爵爵位，孔代家族最著名的代表人物，他是17世纪欧洲最杰出的统帅之一，因此被称为“大孔代”。

哪里就是祖国。所以“祖国”于他们的意义，跟于我们当代人的意义，的确相差很大。

数不清的词语随着时代的变迁，其意思也发生了巨大的改变。要想彻底弄清它们以前的意思究竟是什么，需要花很多时间和精力。有人说得很对，就算我们要去了解在曾祖父时代下的“国王”“贵族”的意思，都需要进行大量研究，花费不少力气，更别说那些稍微复杂的词语了。

通过上面的分析可以看出，词语并没有一成不变的含义，它们的意思会随着时代和民族的变化而不断变化。所以，如果我们想用一个词来影响群体，就要知道这个词语在现在这个时间对群体来说意味着什么，有没有什么特定含义。它在过去的意思完全不重要，未来几十年之后这个词又会被那时的群体怎样理解也不重要，重要的是它在当下的意思和当下的群体对它的理解。

换句话说，当政治的动荡或信仰的变化，让群体开始对某些词语产生厌倦或痛恨的感情时，真正聪明的政治家的首要行动就是换个说法，同时不去触碰制度的本质。睿智机警的托克维尔[①]在很久以前就说过，执政官和皇帝的具体工作就是将旧制度改个名称，也就是说，让不会激发群体联想的词语代替能让群体产生不好的联想的词语。“地租”变成了“土地税”；拉丁语中的“盐

---

①阿历克西•德•托克维尔（1805—1859），法国历史学家、政治家，社会学（政治社会学）的奠基人。出身贵族世家，经历过五个朝代。前期热心于政治，被捕后对政治失望，从政治舞台上逐渐淡出，之后主要从事历史研究。主要代表作有《论美国的民主》《旧制度与大革命》。

赋”变成了法语的“盐税”；各种“徭役”，有的变成了“统一税”，有的分摊在商品中，改名为“贡献”；商会和行会的“税款”变成了“执照管理费”，还有很多诸如此类的改名。

由此可见，政治家最根本的任务之一，就是给群众不再感兴趣的事物换一个名称，使新的名称能够重新激起群众的想象力或联想，不管能产生多大的影响，总之别让他们讨厌就行。词语的力量非常强大，只要选择得当，就足以让最恶毒的东西改头换面，群众接受起来也非常自然顺畅。泰纳曾正确地指出：“正是因为雅各宾党人利用了‘自由’和‘博爱’等当时流行的说法，才能够建立起‘与达荷美[①]媲美’的专制制度，才能够建立起与宗教类似的审判制度，做出了和古代墨西哥相差无几的暴力屠杀。”统治者的艺术，就和律师的艺术一样，首先还是驾驭词语的口才。这门艺术遇到的一大挑战在于，在同一个社会中，同一个词语在不同的阶级中，意思差别很大，表面上看他们在使用相同的词语，但实际上他们说着不同的话，表达的意思也大不相同。

时间是促使词义演变的一个非常重要的因素，它在词语的发展过程中起着关键作用。如果我们把民族因素也纳入考虑范围，就会发现，在同一时期内，文明程度相同的不同民族，对同一个词也会有不同的理解。如果我们没有去各国各地进行实地考察和研究，就

---

①达荷美王国，是西非埃维族的一支由阿贾人于17世纪建立的封建国家。国家全名为“达恩·荷美·胡埃贝格”，简称“达荷美”。1899年被法国所灭。1990年改名为“贝宁共和国”，目前位于西非中南部。

无法见证和理解这些不同，因此我在这里就不具体说了——纠结下去也没有用，如果真的感兴趣，还是鼓励大家去亲身体验。我们在这里只讨论各国群众最常用的，且意思相差甚远的那些词语。比如，现如今我们经常会用到的“民主”“社会主义”等词语。

实际上，这些词语包含的概念和产生的形象，在拉丁民族和盎格鲁－撒克逊人的头脑中有着几乎完全相反的理解，它们代表着十分对立的思想。在拉丁民族看来，“民主”更多的是指个人意志和意愿要服从于集体，集体是国家意志和自主权的象征。国家逐渐掌握着领导社会各领域运转的权利，并且有义务去指导社会各项事物，以国家的名义集中权利，垄断一切资源，制造、生产一切产品。不管是激进主义者、社会主义者还是保皇派，所有党派都虎视眈眈地盯着政权，两眼放光。而在盎格鲁－撒克逊地区，特别是在美国，“民主”这个词的意思和拉丁民族认为的完全相反，它是个人意志的代表，国家要尊重个人意志并尽量服从，除了政策、军队和外交关系外，国家不指导、支配任何事物，公共教育也不例外。所以我们不难看出，同一个词语，对一个民族来说，表达的是个人意愿服从于国家意志，体现的是国家的利益；而对另一个民族来说，表达的则是个人意志高度发展之下，个人自由的最大化和国家对个人的服从。

点评：

从作者的角度来看，一个有能力的执政者不仅需要有统治一方领土的豪情与魄力，还需要有洞察社会民情、体察群体心理的细腻和敏感。只要知道了群体喜欢什么，对什么感兴趣，哪些能激发他们的情绪，统治者就能引领群体、运筹帷幄了。

群体心理就是这样简单，他们完全可以被几个词语激发起情绪，也完全可以被几个时代热词所吸引。如果统治者不知道什么是时代热词，那就选择群众喜闻乐见的名字，但说不定本质上也是之前使用过的形式，这就是换汤不换药。别看这种方法老套，但对群体来说却永不过时。除此之外，作者还提到了词语的时代含义，也就是说，即便是同一个词语，在不同的时代，它们的意思也千差万别。通过对拉丁民族和盎格鲁-撒克逊人的举例，勒庞论证了相同词语的民族差异。

本节的题目叫“形象、词语和套话”，就是在论证如何通过词语控制群体。正如文中所说的，统治者的艺术，关键在于驾驭词语的口才。我们作为独立的个体，可能只会冷静、客观地看待某个词语，可当我们融入群体之后，就会对一些词语非常敏感，甚至表现出我们在平时不可能表现出的态度，有可能是愤怒，有可能是狂热。总之，关键词和套话就是拥有如此强大的魅力。

幻想

自从文明在地球上出现，群体就一直处在幻想的掌控之下。仿佛幻想成了统治人类的最高级武器。谁能创造幻想，群众就会为谁建立辉煌的庙宇，设立祭坛，塑像立碑，超越任何人，无论是在过去的宗教幻想中，还是在现在的哲学和社会幻想中。在这个星球上任何一种蓬勃发展的文明中，我们都可以找到这种力量，这种力量具有令人吃惊的统治力，没有人可以抵挡。从古代巴比伦[①]和古代埃及的神庙，到中世纪的宗教建筑，都是人们为了幻想而修建的象征和代表；一个世纪以前撼动欧洲的

①古代巴比伦王国（约公元前3500年—公元前729年）位于美索不达米亚平原，大致在当今的伊拉克共和国版图内。距今约五千年，这里的人们建立了人类最早的奴隶制国家。

大动荡，也是为幻想而发动的，很多重要的历史事件都难逃幻想的强大影响。

不过有时，这种幻想最终会以恐怖的动荡为代价，人类试图推翻幻想，但是幻想注定会死而复生，再次流行起来。失去幻想，人类或许就无法走出原始人的野蛮状态，无法脱胎换骨；失去幻想，人类也很快就会回归野蛮状态。毋庸置疑的是，幻想不过是一个虚假的影子，它缥缈不定、无影无踪，但是一旦失去它们，人类就不可能创造出令人自豪的艺术和壮丽辉煌的伟大文明，是幻想推动了这一切、实现了这一切。

“假如把博物馆和图书馆通通毁掉，把里面的宗教作品和艺术著作都扔在教堂前面的石板路上，人类伟大的梦想和文明还会留下些什么呢？正是那些东西给了人类希望和幻想，没有了这部分希望和幻想，人类是无法活下去的。这就是伟大的神明、英雄和诗人必须存在的原因。在大约半个世纪的时间里，科学承担着这些任务，但是对那些渴望理想的心灵来说，只有科学是远远不够的。因为科学不敢做出太多无畏的承诺，毕竟它不会撒谎，不是吗？”

上个世纪（指18世纪）的哲学家奋不顾身地研究宗教、政治与社会，将我们祖先赖以生存的那些幻想全都摧毁了，这些幻想如微弱的火苗，奄奄一息，哲学家们摧毁的不仅是幻想，也抽干了希望和服从的源泉。他们杀死了幻想，然后一脸茫然，面面相觑，直面寂静无声的自然力量，这力量之所以冷漠，是因为它没有温度，既不同情弱者，也没有慈悲心肠。

哲学在不断地发展，但是到现在为止，它都没能提供让群体信服或着迷的理想。但是，群体需要幻想，无论有多么困难，要付出多少代价。如果没有，群体就会本能地转向别的地方，去迎合他们所需要的幻想，这很像趋光的昆虫飞向灯光。所以群体转向了诗歌①，在诗歌的天地中，群体的心灵找到了寄托，想要什么就会得到什么。群体从来不渴望真理，对那些不符合他们心愿的证据，他们总是视而不见。如果用谬误去诱惑群体，群体就会崇拜他。谁能为群体提供幻想，谁就能轻易地统治群体；谁摧毁了群体的幻想，群体就会毁灭谁。

点评：

这一节里，作者主要围绕“幻想”展开论述。他认为幻想是人类存在的必需品，是群体必不可少的精神寄托。科学没有这样的功效，因为科学过于实事求是，它揭示的东西无法让群体产生狂热的情绪或对梦想和美好生活的渴望。科学不会撒谎，而幻想可以让群体一直处在假象当中。没有人愿意从美梦中醒来，如果你摇醒了正在沉睡的人，他们会愤怒，因为你破坏了他们的美梦。可以说，勒庞分析的角度已经超越了时间、空间和历史界限，他将人类的崇拜归结于“幻想”二字，不是没有道理的。

拿当代的娱乐行业来说，为了让群体产生对某个明星的幻想，媒体才会去包装、树立一些人物形象去吸引群体。群体不在乎明星真实的样子，只在意其荧幕形象。也许有人会反驳这个观点，

---

①群体没有信仰，他们只是想把自己的愿望、心灵寄托起来，不管那个可以寄托的东西是神灵的雕像还是诸神的画像。他们不愿看清现实，所以选择沉浸在虚幻中。

但不可否认的是，如果一个明星宣布结婚，就一定会有部分粉丝不再继续关注和支持他。明星结婚不影响他在荧幕上的发展，可他们还是会转身离去，可见这部分人喜欢的只是这种“人设”，而这种人设就是一种幻想。

把这个视角放到国家身上也一样，统治者已经不再是一个人，在群体心中，它是一种符号、一种精神寄托。尽管建立这种幻想需要付出很多时间和精力，但是一旦在群体中站稳脚跟，其威信就一定会通过传播而逐渐扩大，最终成为所有人心中的超级英雄。

幻想可以是信仰，也可以是盲目跟风。至于如何衡量，需要群体中的个体形成明确的判断，分清哪些是媒体、群体想要达到的效果，哪些是事情的真实面目。小到社会新闻，大到国家事件，永远保持一颗清醒、冷静的头脑和保持自己的正确思考，都是非常重要的。

经验

除了前面两节我们提到的直接因素外，经验[①]也是影响群体意见非常重要的因素。想让真理在群体心中生根发芽，去摧毁过于危险的幻想，似乎只有经验比较有效。为了达到这个目的，经验的覆盖范围就要非常巨大，并且要多次出现，这样才能改变群体心理。换句话说，经验需要大规模地、经常地重复出现。一般来说，一代人经历了当时的事件后得到的教训，对下一代人起不了多大作用，所以用历史事实是说服不了群体的，也无法证明什么事。史实的唯一作用就是向我们证明，每一代人都

①经验分为直接经验和间接经验。直接经验是指通过亲身实践得到的经验；间接经验是指从别人或书本中得到的经验。

需要经历很多事才能吸取教训，只有这样，经验才能动摇牢牢根植于群众头脑中的观念。没错，这件事没有什么捷径，只能一遍遍地经历、一次次地体验。

毫无疑问，历史学家会把我们所处的这一代和上一代视为相当荒唐的试验时代。因为没有哪一个时代像这个时代这样，出现过如此多的试验。

规模最大的要数法国大革命了。为了证明社会不会平白无故地根据纯粹理性彻底改头换面，就必须以死亡几百万人为代价，有时候动荡还得持续二十多年。为了证明暴君会让拥护他的国家损失得更加惨重，可能会在五十年内经历两次破坏性的试验[①]。

虽然试验结果无误，但是仍然不能使人信服。第一次试验的代价是三百万个生命的逝去，同时招致了各种入侵；第二次试验丧失了领土[②]，并教给了法国建立常备军的重要性。后来差点引来第三次试验，虽然它现在没来，但是说不定哪天，巨大的灾难就会降临在这片国土上。为了让整个民族、整个国家相信，庞大的德国军队不是三十年前自称的那样，现在的它是老实善良的国民自卫队，就必须引出那场让国民心痛的战争。为了让大家明白，哪个国家采用贸易保护制度，哪个国家就会无路可走，人们就需要经历至少二十年的灾难。这样的例子不胜枚举。

---

①这里是指拿破仑称帝之后为了统治法国，在位期间爆发的很多次战争，持续时间长达二十三年。是1789年法国大革命的延续。

②这里指的是1870年的普法战争，法国战败，法国按照条约，割阿尔萨斯和洛林给德国。

点评：

人只有亲身经历过了，才能知道或相信事物的本质和运行的真相，只靠间接接触是无法感同身受的。因此，勒庞指出，要让群体改变想法，就要让他们去经历，经历得多了，他们就知道真理是什么了。

如果我们不去相信真理，就只能去承受现实带来的感受，以及沉重的代价。群体只有在血流成河的直接经验里，才能一次次地知道什么是偏见，什么是他们头脑中需要改变的想法。无论是个人还是群体，都只能在一次次碰壁中知道真理为何物。

理性

我们在列举影响群体心理的因素时，如果没有什么关键之处需要说明它的负面作用或价值，就没有必要提及理性。

我们已经证明过，群体是不受理性因素影响的，他们只能理解拼凑起来的概念或概念之间的伪关系。所以对演说家而言，他们无须将自己的演讲内容诉诸理性，他们唯一要做的就是学会操纵群体的情绪。逻辑学对群体起不到任何作用①。想让群体相信些什么，首先我们要弄清，为什么群体会变得亢奋激昂，并且需要自己也带有这种感情；然后利用群体的直线思维唤醒潜在的暗示信息，让群体心理被暗示所影响；如果有机会，还

①作者第一次见到群体降服书是在巴黎保卫战期间，当时政府所在地的罗浮宫发生了群众暴动。暴民要求处死一个“卖国”的元帅，实际上这个元帅是位功臣。当时一个演说家出来应对群众。如果用理性去说服群众，也就是说，如果演说家指出暴民控告的荒诞性，那么最终的结果很有可能是元帅被冤死。但是这位演说家并没有诉诸理性，而是顺着群众的意愿说，这件事会交给国防部处理。最终这位元帅安全到家。

可以经常回到引发群体讨论的观点上，去试探演说家的演讲效果，这才是最重要的。演讲者必须根据当下的演讲效果不停地改变语言风格，来唤起群体的情绪，所以提前准备好的演讲稿在实际演讲中并不会发挥多大功效。在类似的演讲中，如果他一直依照自己的思路，而丝毫不站在受众的思路上去考虑，他的影响力就会大大下降，最终让这场演讲的效果化为乌有。

习惯了听从严密紧凑的推理分析的头脑，在面对群体演说时，难免会诉诸说服群体的话术，而逻辑推理和讲道理被证明是非常无力的，演说家们都对这一点感到震惊。“通常情况下，建立在三段论上的推理结论——也就是通过等式推理出来的结论，是不可能出错的，也是无法更改的，它们必然成立……”一个逻辑学家这样写道：“如果无机物能够将这个公式演算出来，它也会不得不表示同意的。”的确是这样，但是说实话，群体还不如无机物会推理演算，他们甚至不知道推导是什么。用说理的方式去劝说低级的头脑——比如野蛮人或儿童，我们就会明白，这种方式毫无说服力，根本没有任何用处。

想看清楚理性对抗情绪时是怎样的苍白无力，无须将智力下降到原始人的程度。只要想一想宗教迷信就够了，从理性来分析，它没有多么深奥、严谨的逻辑，甚至可以说完全没有逻辑可言，却顽强地持续了多个世纪，这很让人感兴趣，因为连最简单的逻辑也称不上的宗教迷信，生命力竟然可以如此旺盛。在将近两千年的历史长河中，最理智的天才在它的面前也要卑躬屈膝、俯首称臣。到了近代，人们才渐渐看清了其中的一些真理，不过非常勉强。在中世纪，尤其是文艺复兴时期，出现了很多博闻强识的开明人士，但是没有任何人用理性去解释自己信仰的宗教，分析它幼稚的一面，甚至没有人敢公开质疑鬼神的行径，对烧死巫师的必要性更是完全保持沉默。

群体从来不受理性的控制，这是不是很令人难过？或许我们不应该草率地回答这个问题。毫无疑问，群体的确会使个体失去独立时的理智判断，但是如果没有幻想带来的热情和欲望，单凭理性，是绝对无法推动人类社会沿着文明的轨道前进的。

作为无意识的产物，幻想引领着我们前进，大部分时候，这种幻想是必要的。不同的民族精神结构中都携带着本民族的宿命，它仿佛以难以遏制的冲动奔向自己的命运，尽管这种冲动看起来很无厘头。有时候我们会看到，各民族都被某种神秘的力量牵引着，顺着命运的车辙前进，就像橡果变成了橡树，或者让彗星沿着轨道运行的力量一样。

但是我们对这种宿命、这种力量知之甚少。如果我们想继续认识这种力量，就必须在整个民族进化的过程中去了解它们，而不能仅仅在偶然出现的事件中去认识它们。如果只考虑偶然事件，历史就会变得异常奇怪，因为它是由一系列概率极低的偶然事件组成的随机结果。

如果只用理性去分析历史，那么一个加利利的木匠怎么可能成为一个被人们信仰了近两千年的全能的神明，并以它的名义形成了世界上最重要的文明[①]；从沙漠中走出来的几个阿拉伯部落，怎么可能征服大半个希腊、罗马，然后建立起比马其顿王国更伟大的帝国；在发达的欧洲，等级制度如此森严的时代，一个名不见经传的炮兵中尉[②]又怎么可能力排艰难险阻，成功上位，统治了当时各国的国王和众多百姓。

这样看来，我们还是把理性这个问题留给哲学家吧，让他们去思考。我们千万不要奢望理性可以对群体进行干预和管理。把文明创造出来的主要因素不是理性，理性起不到多大作用，真正起作用的是感性因素，它包括热情、尊严、荣耀、献身牺牲、信仰、爱国、对光荣的向往和渴望。

点评：

作者认为，理性不是影响群体心理的直接因素，感性因素才是真正的直接因素。理性和感性是相辅相成的，对一个独立的人格来说，兼具理性和感性一定会发展得更加完善，对社会来说也是一样。群体充满热情和幻想，充满对美好生活的向往，这无可厚非，但是作者在本书中批判的暴民，他们容易被情绪煽动，变得盲目、暴躁，这样看来，感性也是有负面效果的。所以说，纯粹感性和纯粹理性都无法让社会进步。

不可否认的是，理性也是促进社会进步的主要源泉，如果没有理性，人类就无法创造出如此灿烂的物质文明，社会就会止步不前。在本节末尾，作者说“把文明创造出来的主要因素不是理性”，单就精神文明而言，感性一定是占据更大比例的，这句话

---

①这里的文明指的就是基督教文明，欧洲文明说到底就是基督教文明。

②拿破仑在毕业时就是炮兵中尉，这个职位相当于现在的排长或副连级。

没有问题。但是，如果没有理性作为支撑，很多文明也许最终会演变为宗教迷信之类的伪文明。因此，作为读者，我们应该辩证地看待理性和感性、科学和文明。

第三章　群体领袖及其说服的手法

提要：

1. 群体的领袖。一切聚居形成的动物都有服从领袖的本能需要。群体领袖的心理。只有他们能够使群众有所信仰并把他们组织起来。领袖的专制。领袖的分类。意志所起的作用。

2. 领袖的动员手段：断言、重复和传染。这三种手段的不同作用。相互感染从社会底层向上层蔓延的过程。民众的意见在短时间内就会变成社会的普遍意见。

3. 威望。威望的定义和分类。外在威望和个人威望。各种真实案例。威望受到破坏的方式。

现在我们已经了解了群体心理的构成，还清楚了影响群体心理的直接因素和间接因素。接下来我们要研究的，是这些因素该通过哪些途径发挥作用，在实际情况中该由谁来使用。

群体的领袖

只要有一部分生物聚集在一起，不管是人还是动物，都会本能地服从领袖的权威，他们会不自觉地处在领袖的领导之下，听他们的指挥，服从他们的命令。

人类群体的领袖不过是一个带头的煽动者，但他的角色不容轻视。他的意志是聚合、统一民意的核心，他是异质性群体的第一重要人物，也是群体的领导者，为宗派的形成铺平了道路。人群就像温驯的羊群，少了领头羊的带领就会不知所措，所有布置下去的任务都无法完成，无法开始任何事情，也无法结束任何事情。

不过在最开始的时候，领袖也是群体中被领导的人，其本身也是理论的被催眠者，所以他首先是一个信徒。他头脑中的理论占据着他的思想，一直到其他想法都消失不见。在他看来，任何不符合自己思想的人要么是错误的，要么是迷信的。我可以举出一个非常好的例子，那就是罗伯斯庇尔。他是卢梭[①]哲学理论的拥护者，他被催眠后，主动用宗教法庭的方式将他信仰的思想进行了扩散。

不过我们这里说的领导者，其实只是实干家，而并非思想家。他们没有高瞻远瞩的天赋，不过我们应该庆幸，因为高瞻远瞩的人通常都优柔寡断、犹豫不决，他们的行动力更弱。这些实干家总是病态地假装坚强，极度亢奋，处于疯癫或半疯癫状态。不管他们坚持的信念或理论多么荒诞，他们的意志总是异常坚

①让·雅克·卢梭（1712—1778），法国18世纪启蒙思想家、哲学家、教育家、文学家，民主政论家和浪漫主义文学流派的开创者，启蒙运动代表人物之一。主要著作有《论人类不平等的起源和基础》《社会契约论》《爱弥儿》《忏悔录》《新爱洛伊丝》《植物学通信》等。

定，仿佛他们的主观意愿可以征服一切，在他们面前，所有理性都黯然失色。尽管受到了别人的轻蔑或沉默，但是他们对此无动于衷，旁观者的沉默或反对声只会让他们亢奋。他们会为了心中的那股热情牺牲个人利益、家庭利益等所有利益，这时的他们不知道什么叫自我保护，不知道什么叫“留得青山在，不怕没柴烧”，他们甘愿放弃任何东西甚至是他们的生命，他们唯一的愿望就是以身殉道。这种强烈的信仰给他们的话语中注入了巨大的暗示力。乌合之众一直在等待时机，但是意志坚强的聪明人才知道该怎么发号施令。群体中的个人会丧失自己的意志力，谁拥有他们缺乏的品质，他们就会情不自禁地被谁吸引。

每个民族都不缺乏领袖，但并不是每个领袖都是伟大信念的传播者，因为领袖也有地位高低之分。有的领袖是一味追求一己私欲、只会花言巧语的政客，他们只会用一些不够成熟的低级方式来取悦和操纵群体。或许这种方式能起作用，但效果是暂时的。相较于怀揣远大理想、炽热情怀的领袖，他们逊色不少，像是可以打动群体灵魂的隐士彼得[①]、路德[②]、萨伏那洛拉[③]以及法国大革命中的领袖，他们都是在最开始的时候被一套理论所打动，这些理论像是充满磁力的吸铁石，被吸引之后，

---

①隐士彼得，法国修士，第一次十字军东征的第一队队长。

②马丁·路德（1483—1546），16世纪欧洲宗教改革倡导者，基督教新教路德宗创始人。

③吉洛拉谟·萨伏那洛拉（1452—1498），15世纪后期意大利宗教改革家。佛罗伦萨神权共和国领导。

他们才能在同胞中唤起人们深藏已久的信仰，一旦信仰被唤醒，它就会充满无坚不摧的力量，这种力量可以让人们顺从地变为梦想的奴隶。

不管上面所说的信仰到底是什么，是宗教信仰、政治信仰还是社会信仰，不管它的表现形式是一本书、一个人还是一种观念，激发群众的信仰一直都是领袖的职责所在。正是由于这一点，他们总是具有巨大的影响力。在人类能够支配的一切力量中，信仰总是可以获得最大的力量。《福音书》上说的一点儿也没错，信仰具有移山倒海的力量。拥有了信仰，一个人的力量就会变大很多。历史上很多重大事件都是由这些籍籍无名的传道士完成的，除了信仰，没有什么能帮他们。建立传遍世界的伟大宗教和横跨两个半球的大帝国，哲学家或学者恐怕是帮不上什么忙的，就更别说容易搅局的怀疑论者了。

上述案例中提到的都是历史上为数不多的伟大领袖。领袖分很多种，他们共同构成了高低不同的连续高峰。领导人民革命的人是领袖，他们像我们想象的那样，拥有显赫的权势，但是在烟雾缭绕的小酒馆里，不断把组织的信念和套话灌进工人耳朵中的也是领袖。这些工人领袖慢慢催眠了自己的同志，但是他们说的套话到底是什么意思，或许他们自己都不太懂，但是根据他们自己的理解，这些话都是有益于自己和组织的，一旦说的内容变成了现实，就可以实现所有梦想和希望。

只要人脱离了独立状态，进入群体，就一定会受到领袖的影响。大部分人，尤其是普通群众，他们对本行之外的其他任何问题都没有非常清晰或理性的观念，这个时候领袖就会指导他们。但领袖不一定是活生生的人，也有可能被定期的出版物代替，虽然效果并不一定那么好。这些定期出版物为读者生产思想，给他们提供现成的套话。这样，群体就免掉了自己动脑思考的麻烦。

领袖掌握着非常专制的权利，拥有不可侵犯的权威，这种专制实质上是号召、引领群体的重要条件。人们也常常注意到，为什么有的人没有任何职权、头衔，却能轻松领导工人阶级中最狂暴的人群？他们可以设定公认的工作时长、工资额度和分配规则，他们下令工人罢工，甚至起止时间都要按照他们的要求来安排。

现在的政府，越来越遭到了人们的质疑，在群体心中逐渐的失去了公信力，一些领袖和鼓动家正在从政府手中篡夺一些权力，他们试图推翻政府，用一种新的方式建立自己的帝国。结果与政府相比，这些人的暴政更能让群体信服。如果突然发生了什么事情，这些领袖会消失得无影无踪，群体就会群龙无首，回到最原始的状态，不堪一击，就像一盘散沙，又像无头的苍蝇，没有任何反抗的力量，也失去了之前的秩序性和目的性。在那次巴黎公共马车雇员罢工事件中，两个领袖被抓了，然后出乎意料的事情发生了——罢工立刻停止了。看起来是不是非常灵？号召乌合之众，从来不需要宣扬对自由的渴望、对理想的憧憬，只需要让他们心中产生被奴役的渴望。群体喜欢服从，他们会本能地顺应自称为主人的人。

当然，这些领袖和鼓动家也有分类：第一类人拥有情绪化的性格，他们激情澎湃，充满感召力，也有着间歇性的强大意志力。之所以说是间歇性，是因为他们虽然感性，但是持久力较差。第二类人恰恰拥有持久的意志力，不过相较于第一类人，第二类人非常罕见。第一类人粗暴、勇猛、鲁莽，可以被派去指挥和领导临时暴动，他们完全有能力带领群体深入险境，让这些冲向敌场的人们在一夜之间变成英雄，拥有很大的声望。第一帝国的内伊[①]和缪拉[②]就属于这类人，而我们这个时代的代表是加里波第[③]，他毫无才能，但是骁勇善战，是一位精力充沛的冒险者，只带领了一小部分人，就把重兵把守的那不勒斯帝国轻松征服了。

这种领袖的能量是不能小觑的，但是他们虽然爆发力惊人，持久力却较差。当诱因不复存在，回归正常生活后，那些被唤

---

①米歇尔·内伊 （1769—1815），法国大革命战争时期及拿破仑战争时期的法国将领，法兰西第一帝国大军团成员之一，埃尔欣根公爵德·拉·莫斯科瓦亲王。

②若阿尚·缪拉，法国军事家，拿破仑一世的元帅（1804 年起）。曾任贝尔格和克莱沃公爵（1806 年起），后成为那不勒斯国王（1808—1815 年在位）。他以杰出的骑兵指挥官和勇武绝伦的战士而著称。

③朱塞佩·加里波第（1807—1882），意大利爱国志士及军人。他献身于意大利统一运动，亲自领导了许多军事战役，是意大利建国三杰之一。

起的英雄气概就转化成了他们的性格缺陷，尽管这很令人吃惊，不过上面说的几个人都是这样。他们好像不会独立思考，在应激状态下表现得非常英勇，可一旦回归正常生活，就会惹是生非。他们虽然领导过别人，但只有在被领导且持续受到刺激的情况下才能发挥作用。他们需要一个人或一种信念作为灯塔，不断引领自己，他们只能在别人清晰规划出来的航线上行动。

第二类领袖，也就是拥有持久意志力的那些人，他们虽然没有多么光彩夺目的一面，却比第一类领袖具备更深远的影响力。很多宗教领袖及国家大业的奠基人，都属于第二类。比如，圣保罗①、穆罕默德②、克里斯多夫·哥伦布③和德·雷赛布④。他们或许聪明机智，或许狭隘偏执，这都无关紧要——世界是属于他们的。他们所具备的顽强持久的意志力是人类中一种非常罕见而强大的品质，足以征服一切。这种持久且强大的意志力能够成就怎样的伟业，我们不得而知。可以肯定的是，任何困难都无法阻挡它，不管是自然、上帝，还是人类。

关于强大而持久的意志力究竟能带来什么，最近的大人物德·雷赛布为我们提供了一个很好的例子。这个伟人把世界分

---

①圣保罗，早期基督教领袖之一。

②穆罕默德，政治家、宗教领袖，穆斯林认可的伊斯兰先知，广大穆斯林认为他是安拉派遣人类的最后一位使者。伊斯兰教教徒之间俗称“穆圣”。享年六十三岁，葬于麦地那。

③克里斯多夫·哥伦布（1451—1506），意大利探险家、殖民者、航海家，大航海时代的主要人物之一。出生于中世纪的热那亚共和国（今意大利西北部）。

④德·雷赛布，法国外交官，实干家，法国驻埃及大使，苏伊士运河开凿者。

成了东西两半，成功做到了过去三百年间那些伟大君主想做却没有实现的成就。后来，他在另一份类似的伟业中失败了[①]，但失败的主要原因是他老了，任何事情都得在衰老面前屈服，意志也得遵从这个道理。

要想说明仅靠意志力能够完成怎样的伟业，只需要看看开凿苏伊士运河必须克服哪些具体困难的记录就可以知道了。见证人卡扎利斯医生用让人惊心动魄的语言总结了开凿苏伊士运河这一伟大工程背后的故事，记录了这个工程的伟大作者对这个故事的叙述。

“日复一日，不管平时遇到了什么事情，他总是向人们诉说着开凿运河时那些惊心动魄的场景。他讲述着自己必须克服的那些事情，他如何把不可能变成可能，他遇到的所有反对和围攻，他经历过的所有失望、挫折、逆境、失败，这些都没能让他灰心丧气，抑或失去勇气。他聊起英国人是如何打压他、攻击他的，埃及人和法国人又是怎样犹豫不决的，在工程初期，法国领事馆的工作人员是如何带头阻挠他的，以及他遇到的阻挠的性质，他和工人饮用淡水的权利被切断，工人因口渴而逃跑。他还谈到，那些海军部长、工程师，以及很多受过专业训练且经验丰富的人，都变成了他的敌人。他们站到了自己的对立面，用科学理论推断灾难正在逼近，并且精确计算出了灾难发生的时间，就像在预言某日某时会发生日食。”

讲述这些伟大领袖人物生平经历的书，都不会包含太多人

---

①这里指的是开凿巴拿马运河时雷赛布遭到了失败。

名，但是这些名字和人类文明史上那些最重要的事情都紧密地联系在一起。

点评：

在本节中，作者提出了“群体领袖”这个概念，并且做了详细说明。群体领袖并不是我们概念中那种拥有很大权力、掌握很多财富的人，他们可以非常普通。但是，群体领袖一定是了解群体心理、可以引领群体实践的人，群体领袖拥有很大的话语权，他们只要一发声，群体就会蜂拥而上。

现如今，我们所处的时代是一个以互联网为大环境的时代。在过去，信息的传播是单向的，反馈较少；而现在，每个人都能通过互联网发声。如此一来，大家就很容易变成勒庞所说的“乌合之众”。人们只想在网络中释放情绪，于是在你一言我一语中，真相被淹没，舆论环境也变得十分复杂。

在互联网上的“乌合之众”中，也存在着群体领袖，也叫舆论领袖，如拥有以百万为单位计数的庞大粉丝的微博博主。当某个新闻事件出现，这些领袖会率先在网络上发表评论，而相当一部分网民会盲目追随其观点，并通过转发等方式扩散这种观点。既然这些领袖拥有很大的话语权，那么他们就需要承担相应的责任，无论是自由媒体人，还是新闻媒体组织，都需要根据新闻的真实性进行客观的报道和评论。

领袖的动员手段：断言、重复和传染

如果想在较短的时间内激发起群体的热情，让他们做任何事，如抢夺宫殿、誓死守住阵地或要塞，就必须让群体做到速战速决，而最有效的方法莫过于领袖或榜样的暗示力量。为了达到这个目的，群体应该在事发前就做好环境上的准备，特别是那些想操控群体的人，他们应该具备一种叫“威望”①的品质，这个话题我会在下一节讲到。

除此之外，当领袖想将某种思想观念——现代的各种社会学说灌输到群体的头脑中时，还需要使用各种手段来影响群体的心理。其中有三种方法最为重要和明确，那就是断言、重复和感染。比起树立威望的方法，这三种方法起作用的时间虽然较慢，但是一旦发生功效，就会持续很久。

简单、有力、纯粹的断言，不需要任何逻辑，也不需要任何根据，是给群体洗脑最为有效可靠的办法了。断言越是简单明了，越是不带任何论据或论证，就越具有威力。任何时代的宗教典籍或教条法典，采用的都是这种简单的断言方式。那些号召人们来捍卫一项政治事业的政客和利用广告推销产品的商人，都非常熟悉这种简洁的断言方式。

不过，如果没有不停地重复——重复时要尽量使用统一的修辞——断言就没有真正意义上的价值。我记得拿破仑说过，修辞学中最重要的修辞只有一个，那就是重复。反复的断言，会让信息以一种特殊的方式深入人心，最终被人接受，变成不证自明的真理。也只有这样，断言才能真正有效。

我们只要看一看重复对那些最睿智的头脑产生的影响，就可以明白它对群体所发挥的作用了。反复的力量来自这样一个事实，那就是从长远来看，不断重复的陈述会进入人们大脑深

①有的版本译成“气场”。

处的潜意识自我层，而我们很多行动的动机都是从那里产生的。经过一段时间的影响，我们甚至都忘了反复断言的人是谁，但最终会对他所说的这句话深信不疑。

广告之所以有如此强大的煽动力，原因就在于此。如果我们成百上千次地看到宣传某品牌巧克力好吃的广告，而且听到其他消费者都这么说，我们就会确信这个牌子的巧克力真的非常好吃。如果读了上千次“某品牌的药粉治好了一个有名人士的顽疾”，那么当我们患上同样的病时，就会想尝试这个品牌的药粉。如果我们总是在某家报纸上看到“某人是个猥琐的臭流氓，某某人是个人见人爱的老实人”这类的话，我们就会相信报纸上所说的是事实，除非我们真的有机会去阅览另外一家观点相反且能把两人的品性完全颠倒的报纸。所以，我们现在就知道了，断言和重复本身就具有很强大的威力，即便是分开使用，也能撑起一片天。

如果一个断言经过充分反复，并且前后态度一致，那么威力强大的感染机制就开始运作了，感染机制会形成一股“风评”[①]，就像在一些著名的金融项目中，某些富人可以收买所有参与者，获得任何帮助一样。群体的各种思想感情、观念、情绪，都具有强大的传染力，它们可以像病毒侵袭人体那样大肆传播。这种现象其实很正常，在聚集成群的动物中也能看到。如果马厩里有一匹马咬了它的饲养员，别的马也会效仿；羊圈里的几

①指风传的议论。

只羊的惶恐，会在不久后传染给整个羊群。当人们聚集成群，各种情绪就会快速传染，这就解释了恐慌为何会突然发生。例如，神经症等有关精神障碍的疾病也会传染，在精神病院工作的医生，精神病发作的概率很高。最近，还有不少研究提到，类似恐怖症[①]之类的精神障碍疾病，还能在人和宠物之间传播。

相同的时间和地点并不是传染不可或缺的条件，即便在不同的时间和地点，有些事件仍然能让群体中分散的个体产生独特的情感倾向或群体性格，在相距千里的人之间，传染机制仍在发生作用。如果之前提到的那些影响群体心理的间接因素已经将人们的头脑打磨好了，那么刚刚所说的情况就极有可能发生。1848 年的欧洲革命就是与此相关的一个案例，它在巴黎爆发后，迅速席卷了大半个欧洲，使封建王权摇摇欲坠。

我们可以将很多社会现象都归因于模仿，其实模仿正是传染的原因之一。我在另一本书中已经介绍过模仿的影响了，所以这里只是在重复十五年前针对这个话题的讨论，很多作者已经将我的观点进行了完善和发展，并发表在了最近的出版物中。

“人像动物一样，拥有天生的模仿能力。模仿对人类来说是必然的，因为模仿不需要太多复杂的考虑，只要简单遵循即可。

---

①恐怖症是以恐怖症状为主要临床表现的一种神经症。患者对某些特定的对象或处境产生强烈和不必要的恐惧情绪，而且伴有明显的焦虑及自主神经症状，并主动采取回避的方式来解除这种不安。患者明知恐惧情绪不合理、不必要，但却无法控制，以至影响其正常活动。

正因为模仿是必然的，所以风尚才能有如此大的影响力。不管是在思想观念、文学作品还是在服装方面，有多少人敢抗拒时尚的力量？引领群体的是领袖和榜样，群体的行为不需要什么理由。每个时代都会有少部分人不愿随波逐流，他们变成了小众的力量，成为大部分群体不自觉模仿的对象，但这些人不能太落入俗套了，否则模仿会变得很难，他们的影响也将随之不复存在。正因为这样，太远离这个时代的人对目前的人来说，一般产生不了太多影响。这个分界线实在过于明显了。

“在历史因素和模仿的双重影响下，从宏观角度来看，同一个国家、同一个时期的国民都有相似之处。甚至是那些想要冲破命运桎梏的人，包括哲学家、学者、作家等，也无法摆脱这种双重影响。他们的思想或者表现出来的风格散发出一种相近的气息，让人们立刻就能辨认出他们所处的时代。要想全面了解一个人喜欢读什么书、平时爱玩什么、生活环境如何，不需要跟他攀谈多长时间，就能知道答案。”

感染的威力非常大，它不但能让群体接受某种观念，还能改变群体的情感模式。某些作品曾经遭到人们的强烈批判，但是过了一段时间后，又被同样的人大加赞赏，背后的原因就是他们受到了某些传染因素的影响。这里可以以《唐豪塞》[①]为例。

群体的思想观念是靠传染来扩散和传播的，但绝不会因为理性而得到普及。现在流行于工人阶级中间的思想观念，其实

---

①德国作曲家瓦格纳 1845 年创作的三幕歌剧，讲的是感官爱情和纯洁爱情的冲突。

都是公共场合的断言、重复和传染的结果。事实上，时代创造理念或信仰的方式大同小异，甚至可以说是如出一辙。勒南[①]曾经把基督教最早的创造者比作“从一个公众场合到另一个公众场合传播信念的社会主义工作者”；伏尔泰谈及基督教时也说过：“在过去一百多年的时间里，它只能被社会最下层的民众所信仰。”

从前面的案例不难看出，思想观念总是先感染广大下层民众，再向社会上层蔓延。

这就解释了一个现实：民众接受了的思想理念最终有一天会被社会上层所接受，不管这种所谓的高见具有多么明显的荒诞性。不过，社会下层对社会上层的反作用也非常有趣，因为民众所接受的理念经常源于高深文明的理念，但是这些理念在诞生之地并没有什么影响力。先被这些深奥理论征服的一定是领袖和鼓动家，他们抓住它、理解它，把自己的想法融进去，自成一派，同时这个流派会不断地传播、扩散，群体更是不停地扭曲、歪解。当这个理论变成了公认的真理，回到它诞生的地方，就会对国家的上层阶级产生影响。从长远来看，是智慧塑造了这个世界，掌控着世界的命运，但是它的这个作用非常微弱，而且并不是直接塑造的。推导出这些理论的哲学家早已化为尘土，但是他们的思想最终取得了胜利，当然这个胜利是建立在我上面所说的那个扭曲的过程上的。

---

①约瑟夫•欧纳斯特•勒南，法国人，是法国宗教学家、作家、历史学家，孔德实证主义继承人之一。

点评：

本节内容围绕“领袖的动员手段：断言、重复和传染”展开。作者提到，想让一种观点深入人心，传播的方式至关重要。如果只是平淡地对群体说几句动员的话，反响一定不好。如果将口号定得短一些，多重复几遍，声音具有感染力和号召力，就一定能鼓动更多人。关于这一点，想一想我们的高考誓师大会就可以了。还有一个很好的例子就是广告。为了在最短的时间内给观众留下最深的印象，广告商费尽心思设计文案。我们耳熟能详的“今年过节不收礼……”“天才第一步……”等都是以短小精练、朗朗上口的特点给受众留下深刻印象的。

很多时候，我们去听演讲，只是关注了演说的内容，而忽视了演说的形式。历史上最著名的演讲之一——马丁·路德·金的《我有一个梦想》，之所以产生了足够大的煽动力，就在于演讲稿采用了重复、断言等形式，加之演说者丰富的情感，几个重要因素合在一起，才达到了如此好的演说效果。这也就是前面作者所提到的，演讲稿不需要太过注重逻辑，而要检查自己的情感是否充沛，稿件内容能否打动观众，演说过程中是否考虑到了受众的感受，等等。综合了以上几点，演说就一定能打动观众。

在第一卷第三章里，作者提到了激发民众想象力的方式就是要足够绝对、直白、强硬，其实这里的断言与之有异曲同工之妙。绝对的表达方式就是断言，而直白强硬的表达方式就是短短几句话的重复。无论是激发民众的想象力，还是让民众服从领袖，都是非常管用的。

威望

思想观念在断言、重复和传染的作用下得以普及，拥有了更加广泛的威力，这种威力存在于无形之中，它叫“威望”[①]。

无论统治世界的是人还是观念，它们都靠上面提到的那种神秘力量来为自己增加影响力。这种力量就是威望。每个人都知道威望的意思，但是它的用法太多太杂，因此很难轻易下定义。威望伴随着敬畏感而生，这种敬畏感的深层感情可能是赞赏，也可能是畏惧，但总之，敬畏感是威望的基础。不过，敬畏感的缺失并不会影响威望。最具威望的人是逝者，就是那些我们不再惧怕的人，如亚历山大、恺撒、穆罕默德和佛陀。除此之外，还有一些并不值得我们尊敬的假人，如印度地下神庙中的那些可怕的神像。

说到底，威望来自一个人、一本著作或一种理念的精神控制力，这种无形的支配会完全麻痹我们的判断力，让我们充满对它惊奇的赞叹和无限的敬畏。这种控制力所唤起的复杂感情和人类的其他感情一样，都难以解释其原因，不过好像跟人格魅力的致幻作用类似，威望是一切权威感的主要支撑，不管是神仙、国王还是美女，缺少了它都只是个普通人。

各式各样的威望总结起来可以分为两大类：一类是外在威望；另一类是内在威望。外在威望来自个人的头衔、财富或荣誉，可以独立于内在威望而存在。相反，内在威望是一个人从心底里散发出来的力量，它既可以跟财富、荣誉、名声共存，也可

①这里的威望可以代替成“威严”“威势”“威力”“气场”等。

以被它们影响甚至加强。不过没有这些外在因素，它也可以独立存在。

外在威望更容易塑造一个人，这种人在现实生活中更为常见。因为一个人只要有钱、有足够的荣誉和社会地位，就在无形之中拥有了外在威望，即使他本身并没有任何可取之处。穿着戎装的士兵和身穿法袍的法官，都具备威望，这种打扮会让人心生尊敬。帕斯卡[①]说得没错，对法官来说，法袍和假发是必需品，否则他们的威望就会减半。即便是最吵闹的社会主义者，见到亲王、公爵等形象时，也会被他们的外表所触动，拥有这种形象的人如果去剥削商人，简直就是小菜一碟[②]。

上面提到的那些威望，都是通过人来体现的。除了那些威望之外，还有一些威望是通过各种观点、文学作品或其他艺术作品来体现的。后者的威望是长时间重复的结果。历史，尤其是文学史和艺术史，不过是不断重复的陈词滥调，没有人去证实其真实性。因此，所有人都在重复着从学校里学到的那一套，直到没有了任何质疑声，它们就成了人人都相信的经典著作。对一个现代读者而言，诵读荷马史诗一定是一件非常无聊的事情，可谁又有勇气这么说呢？破烂不堪的巴台农神庙，放到现在来看也不过是一堆毫无看头的废墟，却具有跟目前的面貌完全不符的威望，因为它从遥远的古代而来，携带着历史的记忆。

---

①布莱士·帕斯卡，1623 年 6 月 19 日出生于多姆山省奥弗涅地区的克莱蒙费朗，法国数学家、物理学家、哲学家。

②外表，包括头衔、服饰等，对群众的影响力在任何一个国家都能看到，即便是在一些崇尚个人独立自由的国家，也是一样。

威望的一个特点就是能麻痹人们的判断力，这种麻痹会让我们难以看到事物的本来面目。群体总是等着别人告诉自己答案，他们很乐意接受现成的观点，不管什么事。普遍得到认同的理论跟它所包含的真假无关，它只是受制于事物的威望，仅此而已。

现在我来谈谈内在威望。它的性质跟我们刚才讨论的外来威望的性质完全不同，它和华丽的头衔、稳固的社会地位无关，同时只被一小部分人拥有，内在威望会使拥有者散发出特殊的磁场，吸引身边的人，尽管大家的社会地位是平等的，而且拥有者没有使用任何掌控技巧或手段。但是他们会让身边的人无条件地接受自己的思想或感情，而身边的人服从起来，就像凶猛的野兽服从了它们的驯兽师一样。

伟大的群体领袖，如佛陀、耶稣、穆罕默德、圣女贞德①和拿破仑，都具有这种极高的内在威望，他们之所以能够取得这样的地位，跟自身的内在威望有着很大联系。各路神明、英雄豪杰和各种思想理念都是因为自身蕴含的内在威望，而在这个世上开辟了属于自己的道路。不过，我们不能讨论它，因为只要问为什么，其威望就会消失，它们经不起讨论。

前面提到的这些伟人在成名之前，就具备了这种独特的内在威望。可以说，没有这种威望，就没有后来功成名就的他们。以拿破仑为例，集光辉和荣耀于一身的拿破仑自然会因为他所拥有的权利而获得极高的威望，但是他在名不见经传、丝毫没

---

①圣女贞德（1412—1431），又名“奥尔良的少女”，是法国的军事家，天主教圣女，被法国人视为民族英雄。在英法百年战争（1337—1453）中她带领法国军队对抗英军的入侵，最后被捕并被处决。

有权势的时候，已经有了一小部分后来所具有的威望了。当拿破仑还是个籍籍无名的小将时，靠着权势者的保护被派到意大利，指挥当地的军队。拿破仑面对的是一群粗犷野蛮的悍将，他们一心想给这个空降的年轻人一点儿颜色瞧瞧。可当双方第一次见面时，拿破仑并没有借助姿势、语言或官威，这些悍将就被这个将要成为大人物的人征服了。泰纳在纪实回忆录中摘抄了一段那次神奇会面的记录，原文是这样的：

“师长部队中有一个将军名叫奥热罗，非常彪悍，十分得意于自己高大魁梧的身材和过人的胆量。他来到军营，对巴黎新派来的那个小个子暴发户颇为不满。很多官员和将士说拿破仑多么有才华、有能力，但奥热罗就是不服气：巴拉斯①的宠儿，一个在旺代事件中靠打赢巷战获得军衔的人，长得像一只笨拙的狗熊，这也就算了，可他在学校里也没有什么好的表现，唯一的成绩就是打架斗殴，总是一个人瞎想，据说是一个只知道纸上谈兵的数学家。

“将士们被带进营内，波拿马让他们等待。最后拿破仑终于出现了，他的腰间有一把佩剑。他戴上帽子，向大家陈述了他的部署，下达了命令，然后让他们离开了。整个过程中，奥热罗一句话都没说，直到解散后他才回过神来，恢复了以前骂骂咧咧的样子。他同意了马塞纳②的意见，这个小个子魔鬼将军

①保罗·巴拉斯（1755—1829），法国大革命期间督政府中最有权势的人物，是他发现和推举了拿破仑。

②安德烈·马塞纳（1758—1817），拿破仑时代杰出的军事家，是1804年拿破仑称帝后首批获授帝国元帅的十八名法军将领之一，法国革命战争和拿破仑战争时期的法国主要将领。

像一只幽灵一样，让他感到前所未有的敬畏，他实在无法理解那种一下子就把自己压倒的威严以及那种无形的气场。”

变成大人物之后，拿破仑的威望与他的名声同步增长，至少在他的追随者眼中，拿破仑最终变成了神一样的人物。旺达姆将军，大革命时期的典型将军，拥有粗野豪放的军人形象，甚至比奥热罗更加狂暴、残忍。1815 年，旺达姆将军和阿纳诺元帅一起走上杜伊勒利宫的台阶时，他向元帅提到了拿破仑：“那个魔鬼般的人物一定是对我施加了什么法术，奇怪的是这法术到底是什么，连我自己也解释不清楚，我能抵抗所有诱惑，但是一到他的身边，我就会像个孩子似的不住地颤抖，他能让我钻进针眼，也能让我赴汤蹈火。”

拿破仑对周围凡是和他接触过的所有人，都能施加这种神奇的魔力。

达武①在谈到马雷②和他自己对国家的忠心和奉献精神时，这样说道：“如果皇帝跟我们说‘摧毁巴黎，绝不允许任何一个人活着或逃跑，这对我的部署是非常有帮助的！’我坚信马雷会保守这个秘密，但他会打一个折扣，如会提前把一家人送出城，而我会因为害怕泄露什么风声而不敢做出这样的举动，所以我会把妻子和孩子留在巴黎城里。”

必须记住这种让人神魂颠倒的力量，这样才方便理解为什么

①路易斯•尼古拉•达武（1770—1823），奥尔施泰特公爵，法国大革命战争时期及拿破仑战争时期法国将领，埃克米尔亲王，法兰西第一帝国二十六位元帅之一。
②马雷，拿破仑的外交部部长。

拿破仑可以将这种力量运用得这么自如。其实，拿破仑已经完全意识到了自己的内在威望，他明白，当他将身边的人看得还不如马夫的时候，他的内在威望就会更上一个台阶。当时流传的很多故事都能作为例证。有一次开国会的时候，拿破仑公开粗暴地羞辱伯格诺，像极了训斥一个做错事的仆人。当时的情景应该是这样的：拿破仑走到伯格诺身旁，对他说："喂，蠢货，又犯傻事了？"身材高大如水手的伯格诺把腰弯得低低的，而那个矮个子（指拿破仑）举起手来，拧住伯格诺的耳朵。"这是一个令人心醉的宠爱信号，"伯格诺写道，"这是主人生气时会做的亲昵手势。"从这些事件中，我们可以清楚地认识到，威望能够令周围的人产生多么低三下四的无耻之心，也可以看到暴君对周围人持有怎样轻蔑的态度——他们完全把手下当成"炮灰"。

如果我们无法理解拿破仑身上这种神奇的内在威望，就无法理解他是如何从厄尔巴岛①奇迹般重返法国巴黎的。他孤身一人，面对着一个对他的暴政已经充满厌倦的大国派来的一批批军队，以闪电般的速度瞬间征服了整个法国。他只需要看一眼，那些被派来阻挠他，并且发誓不负使命的将领们，就一句话都不说，立刻投降了。

英国将军沃尔斯利②写道："拿破仑，一个来自厄尔巴岛的逃犯，只身一人来到法国，兵不血刃，就轻而易举地在几周内

①厄尔巴岛，是意大利中部托斯卡纳大区西边海域的一个岛屿。

②加尼特·约瑟夫·沃尔斯利（1833—1913），也有人翻译为吴士礼，维多利亚时代的英国陆军元帅。英国19世纪下半叶著名军事人物。他曾参加了第二次缅甸战争、克里木战争、第二次鸦片战争、平定印度叛乱、镇压阿拉比帕夏叛乱等军事行动，并因此被封爵。

颠覆了这个国家合法的权力组织。难道还有比这个更能证明个人威望和能力的东西吗？他在最后那场战役中，自始至终都在反对反法同盟所施加的惊人影响，他们被拿破仑牵着鼻子走，他差一点就打败了他们。”

拿破仑的威望在不断增长，甚至长于他的寿命，这种威望让他的一个默默无闻的侄子①变成了皇帝。直到今天，人们仍然一遍遍地传诵着他的故事，足见人们对他有多么怀念。肆无忌惮地迫害他人，一次次大规模的征伐，数百万人失去生命——只要你拥有足够多的威望和执行能力，人们就会允许你这样做，他们不仅不会憎恨，还会让子子孙孙都赞扬你。

当然，我举的这个例子是个特例，但绝对不能说它对伟大的宗教、辉煌的学说和雄伟的帝国崛起没有任何帮助。如果没有威望对群体的影响，上述种种就会变成匪夷所思的事情。

但是，威望并不总是以个人权威、军事战绩或宗教热忱为根基，它也可以拥有平凡的来源，而且力量也不容小觑。这个世纪（指 19 世纪）就有很多非常好的例子。被世世代代的群体所铭记的伟大故事，来自那个把两个大陆一分为二，改变了地球面貌和各国贸易关系的著名人物。雷赛布能完成如此壮举，靠的是强大持久的意志和对周边人施加的致幻力量。只要他一出现，就能克服所有艰难险阻，只要他说几句简单的话，在他的威望面前，对手也能变成朋友。这种化敌为友的能力是别人

①拿破仑三世。

所不具备的。英国人那么卖力地反对他的决策，但是当他踏上英国的领土，所有选票都像拥有魔力般向他这边倾倒；他晚年路过南安普顿[①]，教堂的钟声奇迹般连续响起；最近，英国正在动工，打算为他建立一座雕像。

他征服了路途上的所有人和事，沼泽、岩石、沙漠，他相信再也没有什么东西是他无法征服的了。他想在巴拿马再修建一条苏伊士运河，于是他按照之前的办法开始着手了，但是他已经老了，没有那么多体力了，尽管有移山倒海的信念，但对手实在过于强大，他的力量太弱小了。大山也不愿被征服，它开始抵抗，随之而来的一系列灾难抹掉了英雄背后的光环。他用自己的一生向人们证明了：威望怎样积累起来，也会怎样消失。在成就了重大的历史伟业，能够和其他英雄比肩时，他被自己祖国的法官降为最下贱的罪犯。他去世的时候，没有人追悼，棺材从群众中间穿过，但是他们无动于衷。只有外国政府首脑记得他做过的一切，他们向亡者致以最崇高的敬意和最深沉的怀念，就像对任何一个名垂青史的伟人一样。[②]

前面所说的案例都较为极端。如果想从心理学的角度对“威望”有一个细致的认识，那就必须找到一些分布在两个极端中间的案例，两个极端的一端是宗教和敌国的创立者，另一端是戴着一顶新帽子或一件新挂饰向邻居炫耀的人。

---

①南安普敦市是英国南部港口城市，英国十大港口之一，泰坦尼克号的起航点。
②奥地利的《新自由报》在评论版回顾了德•雷赛布生前的光辉事迹，文字充满了人性的光辉。

在两个极端之间，我们能在文明的各式各样的表现形式中——科学、艺术、文学之类——发现各种各样的气场。我们也能够理解，威望是说服群体的一个基本因素。那些拥有威望的人、事物或思想观念，都会因为传染机制而被迅速模仿，包括有意识的自觉和无意识的自觉，这种传染机制会导致整个时代渐渐接受某种特定的感情或表达方式。换句话说，这种模仿在开始时都是无意识的，这也就说明了传染的彻底性和威望的无法抗衡性，事实就是如此。

用极为单调的色彩和僵硬的笔锋去临摹原始人的现代画家，从来不知道自己为什么要这样做。在我们看来，他们都不如自己的灵魂那么有生命力。他们相信自己画出来的完全出于真心。但是，如果不是哪个杰出的美术大师将这种艺术形式复活，人们也许会一直看到它低级、幼稚的一面。有些画家模仿某个著名画家[①]的做法，在画布上画满紫罗兰，但是他们没有注意到，自然界中存在的紫罗兰并不比五十年前多。这些画家被暗示了，因为他被一个画家强烈的私人风格和他的强烈记忆所影响了。而这位画家虽然在绘画方面不走寻常路，却获得了巨大成功，成了这个领域的名家。事实上，在文明的各领域都可以举出这样的例子。

通过以上论述可以知道，影响威望产生的关键因素有很多。其中，成功一直是最重要的影响因素。任何一个成功人士，以及他所确立起来的理念，都可以不再受到人们的质疑，就仅仅因为他们成功了。成功是威望大增的重要基石，它的证据就是：

①马奈著有《手持紫罗兰的贝尔特·莫里索》，而贝尔特·莫里索也是法国印象派中最闻名的女画家。

一旦成功转向失败，威望就会随之逝去。昨天还被民众欢呼拥护的英雄如果没有成功，今天就会饱受他们的侮辱。当然威望越高，这种反差就会越强烈，人们的反攻也就越强。这时，民众会认为这个倒下去的英雄不过是和自己一样的平凡人，会为自己曾经竟然为这样一个并不存在的权威低头弯腰而进行更大的报复。当年，罗伯斯庇尔把自己的同伙和敌方处死时，他的威望瞬间大涨，影响力如日中天。可是当几张选票剥夺了他的巨大权力时，他的威望立刻下降，被民众高喊着口号送上了断头台，就像不久之前他对待自己的猎物一样。信徒们也是这样，愤怒地打碎曾经一直视为信仰的神像。

成功一旦减少，威望就会迅速消失。不仅如此，威望还可以在人们的争议和讨论中一点点失去光芒，最后在时间的长河中消失殆尽。舆论发挥力量需要一定的时间，但它的效果是不会减弱的。当一个人备受舆论的影响，他的威望就会不停地下降。能够保持长期威望的神明或人物，都不允许自己成为被人们讨论的谈资。为了让民众敬仰自己，他必须和大家保持适度的距离。

点评：

本节讨论的主题是“威望”，作者用具体案例论证了威望背后的规律——威望和成功是相互影响的，一个人一旦拥有了成功，他的威望就会大大增加，而一旦一个人经历了失败，他的威望就如同一只泄了气的气球，所有的影响力都会随着他的失败而消失殆尽。在本节的最后，作者谈到了威望和人物之间的关系。他认为，一个人如果饱受人们的非议，那么在舆论声中，他原本好的威望就会变成一种坏名声，最终不再成为被人们所敬仰的人。

第四章　群体的信念和意见的变化范围

提要：

1. 牢固的信念。某些普遍信念不易改变。它们决定着文明的主流方向。根除它们十分困难。信念在哲学上的荒谬性不妨碍它的扩散和传播。

2. 群体意见的多变。不是以普遍信念为基础的意见很容易改变。近百年来观念和信仰的多样化。这种多样化的真正界限。变化的结果。受到多样化影响的事物。普遍信念消失后，媒体的报道极其混乱，从而导致了观念的多变。如今的政府不再像以前那样可以引领群众的意见。舆论的多元化造成了主流观念无法形成。

牢固的信念

生物解剖学和心理学有着极为相似的特点。在解剖学中，我们可以看到一些不变或少变因素，如果要计算它们改变的年代，就需要以地质年代来计算。在那些稳定的、不可摧毁的特征之外，我们还能看到一些易变的特征，如利用育种和杂交技术而轻易改变的特征，有时它们会掩盖一些基本特征，如果不仔细看，就分辨不出来。

在心理学中，我们也能看到同样的现象。一个种族在心理特征方面不易改变，但是我们也能看到它的一些可变因素。所以，当我们去研究一个民族的信仰或思想史的时候，总会发现一个事实，那就是在牢固的基础结构之上，总是能观察到一些附着在结构上面的思想，它们易变，就像岩石上的一层流沙。

所以说，群体的思想观念可以分成明显不同的两类。一方面，我们拥有伟大而持久的信念，持续的时间可以用世纪来计数，整个文明正是以此为基础的。比如，在过去，世界上存在着封建主义、基督教和新教，现在则有民族主义和新民主社会理念。另一方面，一些动态的信念，它们居于次要地位。通常情况下，它们都是较为宽泛的概念或学说的产物，一直在生生灭灭，类似的例子包括那些影响了文学和艺术的很多理论，如浪漫主义①、自然主义和神秘主义②等。它们都是一些容易改变的理论，就像上面所说的流沙一样，附着在岩石表面，像时尚一样多变，也像深海表层上不断涌动的浪花。

真正伟大的普遍信念的数量十分有限，它们在兴衰变换中

---

①浪漫主义是文艺的基本创作方法之一，与现实主义同为文学艺术上的两大主要思潮。作为创作方法，浪漫主义在反映客观现实上侧重从主观内心世界出发，抒发对理想世界的热烈追求，常用热情奔放的语言、瑰丽的想象和夸张的手法来塑造形象。

②神秘主义一词是从拉丁文 occultism 派生而来的，其基本含义是指能够使人们获得更高的精神或心灵之力的各种教义和宗教仪式。神秘主义包括诸多经卷和主观验证方法，如玄想、唯灵论、瑜伽、自然魔术、自由手工匠、共济会纲领、巫术、星占学和炼金术等。这许许多多的神秘主义对西方文明已经产生影响，而且还在继续产生影响。

将一个民族的历史推向令人瞩目的舞台，正是这些舞台构成了一个文明形成的真正基础。它们是文明的骨架，是文明的重要组成部分。

想让群体在短时间内接受某些思想观念并不难，但想让它们在群体的头脑中扎根就不那么容易了。不过，信念一旦在他们的头脑中确立，根除也同样困难。想要彻底清除的话，一般只有以暴力革命为代价。甚至有时候，只有在它们对群体的控制力不复存在，暴力革命才能发生作用。这种时候，革命的作用就是对那些摇摇欲坠，但是受惯性影响仍未倾倒的信念进行最后清理。革命一旦开始，古老信念的末日就到了。

当一种信念开始衰落时是可以辨认出的，因为在开始衰落的时候，信念的价值会开始受到人们的质疑，所有被人们普遍认可的信念都只是一种虚构，它们只有在不被人们深究的前提下才能存在。所以，它们禁不起怀疑。

不过，即使一种信念已经开始摇摇欲坠，根据它建立起来的上层制度仍会维持自己的力量，继续影响着这个国家的国民，并且它的力量会消失得非常缓慢。最后，当信念的力量完全消失，所有上层建筑才会在顷刻间土崩瓦解。只有当信念完全改变，建立在它之上的所有文明才会改变。换句话说，直到今天，还没有哪个国家能够在自己民族的文明彻底转变前开始一种新的信仰。在产生新的信念之前，国家会长期处于一种混乱的状态中，直到新的信念扎根在民众的头脑中，国家的状态才会有所改变。民众的共同信念是文明不可缺少的支柱，它决定着思想的主流方向。只有它才能激发人们的信仰，帮助民众形成历史责任感。

每个国家都知道拥有共同信仰的好处，因为国家也清楚地意识到，一旦共同信仰坍塌了，就意味着国家要衰亡了。罗马人之所以可以征服世界，就是靠着群体对罗马狂热崇拜的信念做到的，当这种信念慢慢在罗马人头脑中消失时，罗马就注定成为一盘散沙，离灭亡不远了。至于那些毁灭了罗马帝国的野蛮民族，只有当他们具备了某种共同信念的时候，才能摆脱荒蛮的无政府状态，走向团结，获得凝聚力①。

各个国家在捍卫自己民族的信仰时，总是表现出不那么包容的态度，这不是无缘无故的。这种对哲学批判表现出零容忍态度的事实，完全可以体现一个民族文明所具备的最重要的品质。我们不难看到，在黑暗的中世纪，为了追求和维持普遍信仰，多少人被送上火刑架，很多伟大的科学家和发明家都难逃类似的死难，有的即便没有牺牲，也被折磨得半死。为了捍卫共同的信念，当时的世界常常陷入极度的混沌状态，数不清的人惨死在战场上，依然有数不清的人会继续死在那里。

建立民众普遍认同的信念可谓困难重重，这条道路充满荆棘，但是一旦站稳脚跟，就具备了无法轻易被征服的力量，并且这种力量会持续很长时间。不管这个观念有多么荒诞和没有逻辑性，但是经过不懈努力，它最终会被最具智慧的头脑不加置疑地接受。在长达十五个世纪的时间里，欧洲各国一直相信

①是否具有凝聚力是考察一个民族活力的参考因素。

那个和摩洛克[1]一样野蛮的宗教故事是不容争辩的。这个故事说的是，世界上唯一的神创造了人类，但是人类不听话，背叛了神，为了复仇，神狠狠地折磨儿子，让他承受可怕的酷刑。这是荒诞至极的故事，可是在那么长的时间中，并没有人去质疑它的真实性。就连伟大的科学家伽利略、牛顿和莱布尼兹，都没有对这种教条的真实性展开推敲。民众普遍认同的信念具有很明确的催眠效果，没有任何事件比刚才那个事件更典型，它充分说明了即使人类再伟大，也会受到智慧局限性的制约。

新的信念一旦在民众的头脑中形成，就会成为他们一切创造行为的灵感源泉，并随之产生各种制度、艺术形式和生活方式。从这个角度来说，新信念对民众起着绝对的支配作用，实干家一心想让这种信念变成现实，立法者希望将这种信念应用到法律条文中，哲学家、文学家和作家在想着如何用不同的形式来表达它，除此之外，他们毫无他念。这就是新信念的绝对影响力。

从基本信念中会派生出一些暂时的观念，它们总是携带着母体的印记，不管是埃及文明、欧洲的中世纪文明还是阿拉伯的穆斯林文明，都是宗教信念的产物。这些信念在文明最微不足道的事情上留下了痕迹，我们一眼就能分辨出来。

因此，有了这样的共同信念，每个人都无一例外地进入了一个相同的环境，这个环境具有一套固定的传统、理念和习惯，他们无法摆脱其束缚，所以在环境的影响下，每个人都具有相

---

①在古老的闪族文化中，摩洛克是一个与火焰密切相关的神祇，因而常被翻译为火神。因为与其有关的迦南及巴比伦信仰伴随着将孩童烧死献祭的习俗，故其被后世称为邪恶丑陋的魔鬼。

似性。人的行为首先受到信念的影响，其次才会受到被信念所影响的习俗的支配。虽然在我们的生活中，这些信念或习俗不是那么明显，但是它们约束着最无足轻重的行动，即使一个人拥有再怎样独立的灵魂，也无法摆脱它的控制。

在无形中对人的意识进行统治才是真正的暴政，因为你无法反抗它。没错，提比略[①]、成吉思汗和拿破仑都是令人毛骨悚然的暴君，但是躺在坟墓深处的摩西、佛陀、耶稣和穆罕默德，他们对人们灵魂的统治比上述领袖更加深远和持久。我们可以用密谋的政变来推翻暴君的统治，但是反抗头脑中根深蒂固的观念将会带来怎样的后果呢？在新教和罗马天主教长期的暴力对抗中，最终消失的是法国大革命。这就是真相，尽管整个欧洲的民众都同情大革命，哪怕它使用的手段和宗教法庭一样残酷血腥。人类所认识的唯一真正的暴君，其实正是他们头脑中对逝者的怀念和由此形成的幻想。

点评：

将作者的观点进行总结和提炼，主要有：思想信念可以分为长期坚持的共同信念和不断变化的动态信念。让群体接受一种持久的信念和根除在他们头脑中根深蒂固的信念，难度一样大。无论是铺路还是毁路，过程都很艰难，但是一旦路铺好了，人们感受到了路的便利时，就会依赖于路。

作者在论证这些观点的时候，列举了一些案例，不过对现代人来说，这些案例并不具备很强的说服力。但不可否认的是，勒庞史

①提比略·恺撒·奥古斯都（公元前42年—公元37年），罗马帝国第二位皇帝，公元14年9月18日—公元37年3月16日在位。

无前例地发现了建立民众普遍认同的信念的规律，从现在的角度来看，依然适用。比如，一种理念对群体精神的绝对支配力和影响力，会催眠一个国家最伟大的科学家，没有人敢提出质疑。这充分反映了人类智慧的局限性，也能体现出普遍信念难以被征服的力量。

群体意见的多变

前面一节我们阐述了共同信念坚不可摧的力量，不过在它的基础上，还会派生出很多形式上不断变换、不断出现和消失的各种动态的思想观念。虽然有的观念曾经流行一时，但即使是其中较为重要的也很难影响超过两代人。我们已经明白，由于群体最终会受到民族意识这种根本性因素的影响，所以这些观念带来的差异也只是一种表面现象，归根结底，观念的本质是相同的。比如，我们在研究法国政治制度的时候会注意到，尽管研究者站在不同的角度去考察各个党派——保莫派、激进派、帝国主义者等，但最终会发现，看起来大不相同的党派拥有完全一致的理想[①]。这个理想就是由法国民族的精神内核所决定的，因为在别的一些民族，会在相同的名称下面看到完全相反的理想。无论是名字也好，还是用其他的概念偷换也好，都不会改变事物的本来面目。

法国大革命时代受到拉丁文学熏陶的人，眼睛却一直注视着罗马共和国，他们想借用罗马的法律、权势和体系，但最终他们没有变成罗马人，那是因为强大的历史信息[②]在统治着他们。大革命时代的哲学家的任务，就是研究表面看似不同的观念背

①这个终极理想就是共和国。

②民族是在历史中形成的，所以这里的历史性信息指的就是“民族性”。

后有什么样的古老观念在支撑着它们，然后在不断变化的思想中找到那些受到普遍信念和民族特性所决定的内容。

如果哲学家们不去做这种研究，大家就会觉得群体可以任意改变自己的政治思想和宗教信仰。所有的历史，包括政治史、宗教史、艺术史、文学史等，似乎都在证明，群体思想的变化其实是无迹可寻的。

我们可以举一个时代的例子来论证，那就是法国历史上一个持续时间较短的时期，即 1790 年到 1820 年这三十年，刚好是一代人的时间。在这段时间里，我们发现，民众们最开始是站在国王这边的，后来就变得具有革命性，再然后又变成了帝国主义者，直到最后，他们同化为君主制的拥护者。同时，让我们来看看宗教方面的变化：天主教徒变成了无神论者，之后又变成了自然神论者，最终又回到了原来的立场——天主教。我们会发现，一直在改变自己信念的，不只有群体，他们的领袖也会受到同样的影响。我惊奇地发现：国民公会中那些最独特的人——也就是国王的死对头，既不相信诸神，也不相信主人的那些人，最后都对拿破仑恭顺服从。后来，他们又在路易十八的统治下，手捧蜡烛虔诚地走在宗教游行的队伍中间。

在接下来的七十年间，群体的思想也经历着无数次变革。在拿破仑的继承者成了统治者之后，法国和本世纪（指 19 世纪）初“背信弃义的英国佬”结成了伙伴关系，变成了盟友。而两度遭到法国攻击的俄国，曾经也看着法国陷入水深火热之中而拍手称快。如今，它也成了法国的朋友。

在文学、艺术和哲学领域，观念的变革更加频繁迅速。浪漫主义、自然主义和神秘主义等很多流派，不断地经历着破灭和重生。昨天还受到民众吹捧的艺术家和作家，明天就会被人义愤填膺地痛骂指责。

但是，当我们去分析这些看似天翻地覆的变化时，我们可以发现什么？所有和民族普遍信念与共同情感相悖的东西都无法拥有长久的生命力。分流和逆流在短时间内一定会回归到主流之中。如果某种理念和感情与民族所具备的特性完全不搭边，它就无法拥有稳定性，就会经常受制于无概率事件的摆布（或者说受到命运的摆布，没有对抗风险的能力）。它们只是在暗示和感染机制的影响下发生的暂时现象，所以它们具有很强的动态性。迅速出现，然后急忙消失，就像沙滩上被风吹成的沙丘。

现在，民众要比之前的任何一个时期都更具有观念的易变性，主要原因有以下三个。

第一，曾经的信仰正在一天天地失去自己的影响力，所以它们不再像以前那样，决定着当下的流行观念。共同信仰的衰落，为那些毫无踪迹可寻的偶然性思想提供了生长的土壤。

第二，民众的力量在不断增长，这种势头越来越不被制衡。我们知道，极度不稳定是群体思想的特点之一，而现在他们没有了束缚，所以就更加放纵了。

第三，是近几年媒体行业[①]的迅速发展，把多元化思想，甚至是完全对立的思想带到了民众面前。每一种观点带来的信息，

①受到工业革命的影响，通信等科技的发展使新闻媒体迅速壮大。

都会被另一种完全相反的意见所抗衡。最终的结果就是任何想法都难以普及，所有观念都变成了过眼云烟。现在，任何一种观念在还未获得足够的关注和认同时，就已经消失得无影无踪，所以它们很难成为共同信念。

上述三种主要原因使世界历史出现了一种非常新奇的现象，也是目前这个时代最显著的特点，那就是政府在领导民众舆论上的无能。

在不久之前，政府采取几个简单的措施，再加上少数作家和几家报纸媒体，就可以代表公众意见。但是如今，作家已经没有了太多的影响力，报纸也只反映民众的意见，而政客们也在试图迎合民众意见而非引领民众意见。其实，这是因为他们害怕舆论，甚至可以说恐惧舆论，这种畏惧心理经常导致政治方针反复无常，极不稳定。

于是，民众意见就越来越成为政治的最高指导原则，这种趋势已经发展到了民众舆论可以迫使国家和国家结盟的地步。例如，最近发生的法俄结盟，就完全是群众运动的结果。现在有一种奇怪的现象，我们会发现教皇、国王和皇帝们也同意接受采访，目的就是把自己对某个问题的意见广而告之，让群众去评判。过去，我们总是说政治无情，但是当政治开始被越来越多的民众所掌控，不受理性支配而只受感情支配时，我们还能再这样说吗？

曾经，媒体还能引领民众舆论，而今天，他们就像政府一样，在群众的势力面前变得卑躬屈膝。的确，现在的媒体依然具备影响力，但它们只是一味地反映群众的意见，见证其不断变化的过程。在这里，媒体成了单纯提供信息的媒介，放弃了自己本来所拥有的引导舆论、宣传自己的信念的功能。它们在不断变化的形势中随波逐流，这是它们必然要做的选择，因为它们身处剧烈的竞争中，为了不失去自己的读者，它们必须如此。过去那些稳健的、拥有巨大影响力的报纸——《宪法报》《论坛报》[①]《世纪报》[②]，现如今不是停刊了，就是转变成了典型的现代报纸，让最有价值的新闻夹杂在各种鸡汤文、社会见闻和金融谎言之中。

如今的新闻媒体，即便拥有再雄厚的资本，也不可能让作者畅所欲言，在报纸上传播自己的意见。毕竟，带有思想性的文章对那些怀疑任何褒扬的读者来说，其价值都微乎其微。甚至整个评论界都无法保证一定能够帮一本书或一部剧大获成功，他们帮不上什么忙，帮倒忙却极有可能。媒体，尤其是报纸行业都清楚的一点，那就是以个人形式出现的意见没有任何作用，所以它们限制文学评论的字数，只提一提书名并附上一两句捧书的话，就算是宣传了。在二十年之内，戏剧和评论也很难逃脱这样的命运。

现如今，密切关注舆论动态已经成了媒体和政府的主要工作。它们需要自始至终关注一个事件、一项法案、一场演讲所产生的舆论效果，不过这可不是一件非常轻松的任务，因为没

---

①为法国全国性知名经济大报，创刊二十七年共发行四千九百零三期报纸，财经评析和相关视点为各界所看重，但与法国同类报纸《回声报》的竞争中一直处于下风。经济危机期间受到了严重打击，最终于2012年开年宣布停刊，仅保留电子版。

②创刊于1836年7月1日，是1830年法国七月革命之后政府放宽对出版管制的产物。它由杜塔克创办。

有任何一件事情比当今群众的观念更为多变，毕竟舆论是最不稳定的，民众对昨天还在赞扬的事物，到了今天就指责痛骂，这是再常见不过的事情了。

失去了对民众舆论的控制，加上普遍信念又被摧毁了，它的最终结果就是民众对任何事物都存在着极端分歧的观念，各种奇怪的言论粉墨登场，而且面对那些自己不感兴趣的，或者与自己的利益毫不相关的事情，民众表现出了越来越冷漠的态度。

在过去的二十五年里，我们国家一直在朝着这个方向发展，演变的结果是十分惊人的。尽管之前的二十五年对我们来说不算久远，但是那时，人们的观念还呈现出一种大致的趋势，之所以会有这样的趋势，就是因为他们接受着某些基本信念。比如，一个人是君主制的拥护者，那么我们就能从他持有的历史观和科学观中得出这个结论；只要知道一个人是共和党，我们便可以从他的话中知道，他心里想的跟嘴上说的完全相反。君主制的拥护者非常清楚地坚信，人不是由猴子变来的，而共和制的拥护者同样清楚，人的祖先就是猴子，他们将此视为真理。君主制的拥护者必须为君主及王室说话，而共和制的拥护者必须怀着对大革命的崇高敬意。尤其是在提到罗伯斯庇尔、马拉①等人时，语气必须虔诚，而提到恺撒、奥古斯都、拿破仑等人时，就必然要责备几句。甚至在法国的索邦②，这种幼稚的历史观念也非常流行。

---

①让·保尔·马拉（1743—1793），法国政治家、医生，法国大革命时期民主派革命家。

②泛指巴黎大学，是法国的文化聚集地。

但是在今天，所有观念都可以被大众分析和辩论，因此任何观点都失去了朦胧的魅力，没有了这种气场，它们的光芒很快就退化掉了，保留下来的那些观念在短时间内很难唤起人们的热情。所以，当代人变得越来越麻木不仁。

长期下来，民众会越来越没有思想，只剩下一副被冷漠蚕食的空壳，说起来这的确令人悲伤，同时这也是一个民族生命走向衰亡的迹象。比起那些经常否定、批判、麻木不仁的人来说，一些具备独特眼光和坚定信念的信徒、群体领袖——总之是一些真诚且有远见的人，才更能对国家产生影响，但是我们绝对不能忽视群体的强大力量。一个观点只要可以积蓄足够的气场，并被大众所接受，那么它很快就会拥有强大的统治力，从此这种观点就会变得所向披靡，任何事物都将服从于它。自由发表言论和讨论的时代将会消失很长一段时间。群体就像一个偶尔逆来顺受的主人，就像黑利阿加巴卢斯和提比略一样，但也会偶尔变得反复无常。文明一旦被群体所支配，那么基本上就会受制于很多偶然性，离它的灭亡也就不远了。如果说有什么能够推迟文明的毁灭，答案就是民众舆论的极度不稳定性，以及他们对任何普遍信念都会变得越来越麻木的倾向。

点评：

在本节中，作者围绕“群体意见的多变”展开讨论。勒庞认为，民众思想的反复变化存在着很多弊端，如果文学、哲学或艺术界的观念变革得太快，我们就会意识到，所有这些变化只是茫茫大海上泛起的细小波纹，根本产生不了多大的风浪。换句话说，只有符合民族信念和民族情感的意识，才能获得巨大的影响力。所以曾经那些翻天覆地的变化，也只不过是过眼云烟。不仅如此，观念的反复变革会影响民众的判断，如果民众经常被媒体舆论所左右，就会变得冷漠，因为当心中没有特别的信仰时，就容易变得平庸，对世事漠不关心。

勒庞除了从民众这一视角看待群体意见的多变，还加入了新闻媒体的视角。他认为，新闻媒体在那时发展迅速，把很多完全相反的思想带到读者面前，一种看法说正，另一种看法说负，因此观念和观念之间会相互抵消，而民众如果每天都生活在这样的形势中，就很容易失去主心骨，没有了独立判断的意识，很容易造成“今天赞美，明天唾弃”的局面。

出现了这样的情况，我们应该说新闻媒体的确进步了吗？答案未必是肯定的。19世纪的法国新闻业，在经历了法国大革命和工业革命之后，新闻自由饱受摧残，但也为日后的雄起奠定了基础——法国建立起了世界上第一家通讯社，之后在通信技术和交通运输行业的影响下，法国新闻迅速发展。但是，勒庞在看似辉煌的法国新闻业背后发现了一种悲伤的事实，那就是新闻媒体的确有势力，但他们只是民众舆论的搬运工，还没有雄厚的实力去引领舆论。媒体的基本功能是引导社会舆论，如果连这个目的都无法实现，我们就不得不思考媒体的社会功能是否出现了问题。

勒庞所说的很多问题都可以为现代人敲响警钟。目前，我们进入了“新媒体时代”，面临着新的历史起点，新闻媒体应该更加主动地承担起社会责任，创新报道理念和报道方式，注重舆论导向，充分发挥舆论监督职能，提高自律性。只有这样，社会才能形成风朗气清的舆论环境，民众才能以真实的视角独立看待每一个新闻事件。

第三卷 群体的分类及各种群体的特点

本卷主要以“群体的分类”及“不同群体的特点”为中心，介绍了异质性群体、同质性群体、犯罪群体、陪审团、选民群体和议会群体的定义和特点。在论述中，作者穿插案例，使行文生动有力。从不同类型的群体中，我们可以看到社会运行的基本规律，弥补我们对议会、法律等领域的认知空白。

第一章　群体的分类

提要：

群体一般分为以下两大类。

1. 异质性群体。异质性群体的不同类型。民族因素对异质性群体的影响。群体精神无法与民族精神抗衡。民族精神象征文明状态，群体精神代表野蛮状态。

2. 同质性群体。同质性群体的不同类型。以宗派、身份团体和社会功能划分的阶层及以经济地位划分的阶层。

在本书前面的章节中，我们已经讲了群体心理的普遍性特点。接下来需要详细说明的是，人们在不同因素的刺激下，会变成不同类型的群体①，而这些不同类型的群体都具有自己的特殊性。我们先用几句简单的话来介绍一下群体的分类。

我们以简单的人群为研究起点。当不同民族的人们聚在一起时，最初形态的群体就已经形成了。在这种情况下，能让群体团结在一起的主要因素，就是那些受到人们尊敬的极少数的群体领袖，他们的意志就是将群体凝聚在一起的纽带。在几百年间，持续对罗马人进行进攻的野蛮民族，其民族构成十分复杂，他们就是这种群体的典型代表。

比由不同民族构成的群体再高一层的，是那些在某些因素的影响下形成了共同特征，从而融合为统一民族的群体，他们有时候会表现出某些该群体所独具的特征，但是这些特征多少都会受到民族性的影响。

---

①群体的类型分为两类，成分较为复杂。

上面提到的两种群体在我们提到过的一些因素的影响下，可以演变为心理学意义上的组织化群体或有机群体，我们可以把这些群体分为以下两类。

（1）异质性群体

a．无明确名称的匿名群体（如街头游行的群体）

b．有名称的群体（如陪审团、议会等）

（2）同质性群体

a．派别（如政治派别、宗教派别等）

b．阶层（如军人、僧侣、劳工等）

c．阶级（如中产阶级、农民阶级等）

我们将简单地指出这些不同类型的群体的特征。

异质性群体

本书在前面的章节中一直研究的就是这种群体具有的一般性特点。它是由各种特点、各种职业、各种智力水平的人组成的。

现在，我们已经清楚地认识到，群体内的个体与群体外的个体相比，在心理上存在着本质差别，他们的理性和智力会骤然下降，而只是因为他们成了群体活动的成员之一。我们已经明白，智力因素在群体中不起作用，它完全处在无意识情感的支配之下。

我们可以根据民族性这个根本因素，将异质性群体大致划分成不同的类型。

我们在前面一直提到民族性的作用，并指出民族性一直是决定人类活动的最根本因素，我们也可以在群体的性格中找到它的影响。当个体在偶然间随机聚集在一起，如都是英国人或者都是中国人，这个群体就和由其他国家的人组成的异质性群体大不相同。例如，俄国群体、法国群体或西班牙群体[①]。

当不同民族的人以数量大致相同的比例形成了群体（尽管这种情况非常罕见），不管他们聚集起来的共同原因看起来有多么一致，他们各自所遗传下来的民族基因和这种基因所决定的心理结构都会使他们的差别尤为突出，这其实不难理解，因为他们的思维模式和情感模式大不相同，这就成了他们产生差异的最大因素。对拉丁民族来说，不管是保守型的群体还是激进型的群体，他们都喜欢求助于国家和政府的干预来实现自己的诉求，拉丁人民有一个显著的特征，就是倾向于集权，他们总是或明或暗地支持独裁专政。而英美群体表现出了相反的态度，他们不愿依靠国家，只会求助于个人的努力。法国群体非常注重平等，而英国群体特别强调自由。民族性的差异，很好地解释了为什么有多少个国家，就有多少种社会主义形式和民主形式。

我们由此可以看出，民族性对群体性格有着全面的影响力。这是一种决定性的内在力量，它限制着群体性格的变化。

①不同的群体都会受到民族性这个根本因素的影响。

所以，可以总结出一条定律：受到民族精神强大的决定性影响，群体次要性格的影响就显得并不十分重要。如果让群体自己支配，就会形成一种野蛮的原始状态，或者说回归到那种状态。只有获得了结构稳定的集体精神，并逐渐掌握了反思的力量，从而形成一个民族的时候，群体才能从野蛮的状态下解放出来。异质性群体除了可以从民族性的角度来划分，还可以以另一种标准来划分，那就是：是否匿名。异质性匿名群体可以是街头游行的群体，而实名性群体可以是陪审团或议会。前一种群体缺乏集体责任感，而其所缺乏的，正是后一种群体高度具备的，责任感的高低程度使两种群体的行为倾向大不相同。

点评：

勒庞在本书的开头就提到了民族性这一决定性因素，这不难理解。事实上，它就是一个民族历史的积淀和文明的产物。而这样的历史完全可以追溯到在这片土地上生活过的最早的人类。比如，中华文明受到了儒家思想的影响，因此中国人对“孝”就有着独到的见解。“树欲静而风不止，子欲养而亲不待”流传至今，就是要告诫年轻人，孝敬老人刻不容缓。但是在自古崇尚自由、尊重的欧洲国家，孩子成人后就很少跟父母一起生活，不少家长因为孩子几个月不给自己打电话而感到失落。这就是民族性带来的群体性格的差异。

这种差异在异质性群体中更为多见，尤其是在不同民族相互交融的群体中。比如，在一个由不同国籍和民族的人组成的讨论小组中，成员之间的文化差异导致的思维方式和情感模式的差异都将被放大。正如作者所说，如果没有结构稳定的集体精神和掌握众人反思的能力，这个群体终究是一盘散沙，虽然没有“野蛮状态”那样夸张，但没有凝聚力是必然的。因此，对一个群体领袖来说，如何让群体成员达成共识，是一个相当大的挑战和考验。

同质性群体

同质性群体包括：派别；阶层；阶级。

（1）分成不同派别，是同质性群体形成组织的第一步。不同派别成员的职业、文化程度和所属的社会阶级均不相同，但是他们因为普遍认同的信念凝聚在了一起，如宗教派别和政治派别。

（2）阶层[①]是群体组织化程度最高的一种形式。在不同的派别中，人们的职业、教育程度和所处的社会阶级都大不相同，所以对不同的派别，或者党派来说，将人们凝聚在一起的，是人们的共同信念；但是对阶层而言，人们的职业大部分是相同或者类似的，成员的文化程度也基本相似，所处的社会地位大体一致，如军界和宗教圈。

（3）阶级是由来源不同、成分复杂的个体构成的，它不像派别那样，可以靠着共同的信念凝聚在一起，也不像阶层那样依靠相同的职业。阶级靠的是经济利益、生活习惯和几乎完全相同的文化程度，如中产阶级和农民阶级。

---

①这里作者所说的阶层就是我们平时所说的“圈”“界”。比如，娱乐圈、演艺圈、出版界、商界等，在相同的阶层里，人们的职业、文化水平、社会地位基本一致。因此，阶层属于同质性群体。

本书只以异质性群体作为讨论重点，我将异质性群体（派别、阶层、阶级）的具体研究放在另一本书中，所以在本书中，我就不再详细讲述后者的特点了。最后，我再详细研究几种典型的异质性群体，本书的研究就结束了。

点评：

文章到这里，作者对群体的分类就介绍完了。他将群体分为同质性群体和异质性群体。同质性群体简单理解，就是性质相同的群体，也许是文化程度相同，也许是职业相同。总之，虽然他们成分复杂，但是在外部因素中可以找到相同的因素，这就是同质性因素；而异质性群体的分散程度很高，也许群体的成员来自不同的国家，属于不同的民族，但是他们因为一个稳定的精神结构，或者普遍认同的信念凝聚了在一起。

第二章　被称为犯罪群体的群体

提要：

1. 群体犯罪在法律上是成立的，在心理学上却不成立。

2. 群体行为绝对是无意识的。

3. 相关案例。

4. 实施“九月大屠杀”的群体的心理：他们的逻辑、情感、凶残和道德观念。

兴奋起来后，群体会进入一种完全自动的无意识状态，他们会受到各种暗示的支配，所以人们很难用“犯罪”去界定他们，他们也很难被定义为“犯罪群体”。我们之所以会继续沿用这个概念，是因为最近心理学的研究使这个词语变成了一种流行和时尚。如果我们仅从群体行为本身来看，有的的确可以被定义为犯罪，但是这种情况又很像大老虎为了玩耍，先让幼子和一个印度人相互嬉闹，最终把这个印度人撕得血肉模糊，然后一口气吃掉。

通常情况下，导致群体犯罪的一般原因和普通犯罪大不相同，因为群体犯罪的动机一般是某个强烈的暗示，而参与犯罪的人在犯罪后坚信自己是在完成自己的使命。

群体犯罪的历史案例可以证明上面的观点。

巴士底狱[①]监狱长德·洛内[②]致死案可以称为群体犯罪的一个典型案例。巴黎人民攻破防守后，激动的人群把监狱长团团围住，洛内遭到了来自四面八方的拳打脚踢。在群众之中，有人提议将他吊死，有人说砍下他的头，还有人说把他拴在马尾巴上拖死。洛内在反抗的过程中不小心踢到了一个人，于是有人建议，让那个被踢的人割断监狱长的喉咙。说到这里，民众欢呼起来，仿佛在表达自己对这种方法的赞同。

---

①巴士底位于法国巴黎塞纳河右岸，巴黎市的东部。巴士底狱是法国国王查理五世督造的一座军事城堡。

②当时的巴士底狱里关了七个囚犯，四个做假证件的，两个精神病患者和一个强奸犯。而监狱长的职责就是照顾这些人，尤其是不能让精神病患者自杀。当暴乱的民众冲进巴士底狱时，监狱长正在帮一名精神病患者擦口水，他让民众小声一些，以免惊吓到患者。

“那个人，是一个厨子，下班了无事可做，来巴士底狱的主要目的就是凑热闹，满足一下好奇心，看看到底能发生什么。他认为，既然大家都赞成自己杀死监狱长，而且这又是一种爱国行为，说不定还能因为杀死一个恶棍而得到一枚勋章什么的，那么自己应该做这件事。有人借给他一把刀，他试图去砍监狱长的脖子，但是那把刀有点钝，没有一刀砍死，于是厨子从口袋里掏出一把黑柄小刀，由于他有切肉的经验，所以很快就完成了任务。”

巴黎人民进攻巴士底狱这件事，就清晰地论述了上面我们提到的机制是如何运行的。我们最终拜倒在别人的怂恿下，由于这种服从来自群体，所以我们无法抵抗。杀人的厨子坚信自己立了大功，当看到自己受到那么多民众的一致拥护时，他就会自然而然地觉得自己承担着一种伟大的使命。这种事情只能被定义为法律上的犯罪，而不是心理学上的罪犯。

犯罪群体的一般特征和我们所看到的其他群体并无不同：他们易受暗示、容易轻信、情感极不稳定、易夸张激动（无论爱或恨）、表现出某种高尚性，等等。

现在我们会发现，在法国历史上可记录的最残忍的那些群体，都具备上述特点。这也是参与“九月大屠杀”的群众的共同特点。事实上，它和“圣巴托洛缪惨案”中的暴民很像。我借用了泰纳先生根据当时的文献所进行的细节描写。

没有人知道到底是谁下了“杀掉犯人，空出监狱”这个命令。

也许是丹东或者别人，但这并不重要，我们关注的重点在于群体受到了“去屠杀”这种暗示的影响，接受了怂恿。

这个杀人群体大约杀了三百人，它完全是一个典型的异质性群体。群体中除了少数的几个职业流氓外，其他大部分成员主要是个体户，他们多是小店主和各种工匠，有鞋匠、锁匠、理发师、泥瓦匠，还有售货员、邮差等。他们受到别人的怂恿，结果就像巴士底狱里的那个厨子一样，完全相信自己是在履行爱国义务。他们挤在一间办公室里，既当法官，又当执行者，而从来没有想到自己正在犯罪。

他们深深地相信，自己肩负着拯救国家的重要使命，所以着手组织了一个法庭，从这个行为中，我们能够直接看出群体的率直和原始的正义感。考虑到被告人数众多，他们决定：案子不必一一审理，只要将贵族、神父、官员和王室的仆役一律处死就可以了。这也就意味着，在一个善良的爱国者看来，只要做了这些事，就都有罪过，证据是显而易见的，都罪该万死。而其他人可以根据其个人表现、威望和社会地位进行判决。

如此一来，群体幼稚的良知就通过上面这种方式得到了满足。现在，他们就可以进行合法的屠杀了，残酷的本能也能在这时得到尽情释放。我在别的地方讨论过这种残酷的本能的来源，群体总能使这种本能释放得淋漓尽致，并且往往使其变得极端。虽说群体都具有这样的本能，但是这并不妨碍他们表现出其他相反的情感，他们表现出来的善良往往和他们表现出来的残忍一样极端。

这些群体的善良表现在他们对巴黎工人阶级有着极大的同情和深刻的理解。在阿巴耶监狱里，一位民众听说犯人们已经二十四个小时没喝上水了，这件事传到了群众的耳朵里，他们极端的善良又演变成了极端的残忍，因为如果不是犯人们一致求情，那些群众就快要把狱警打死了。当一名囚犯被（临时法庭）宣布无罪时，包括警卫和刽子手在内的所有人，都为他疯狂鼓掌，有的欢呼雀跃，甚至还会跟他热情拥抱。在这之后，便开始了疯狂的屠杀，他们一批批地屠杀犯人，整个过程充满了欢乐，人们围着尸体唱歌跳舞，还为“女士们”安排了长椅子。她们愉快地观看着对贵族的施刑过程，而且表演中一直充斥着一种极为特殊的正义之感。

参与这件事的一名刽子手抱怨道，为了让女士们看得更清楚，就把她们安排得更近，结果只有少数几个人享受到了把贵族杀死的快感和乐趣。法庭认为这样的诉求言之有理，命令受害者在两排刽子手中间走过，刽子手需要用刀背砍，从而延长受害者受折磨的时间。在福斯监狱，受害者们被扒光了衣服，然后被施以半个小时的凌辱，等到所有人都看得不耐烦了，就被刀子捅开肚子，让内脏都流淌出来。[①]

这些刽子手们也并非无所顾忌，就像我们之前说过的“表

---

①其中令人印象深刻的是一名叫德·兰巴拉的公主。她和法国王后玛丽·安托瓦内特是密友。疯狂的“革命群众”对兰巴拉进行了惨无人道的羞辱，有的人甚至把肠子缠在手上来显示自己的勇敢。“九月大屠杀”被人们称为法国革命的第一次恐怖，这件事震惊了英国驻法国大使馆的工作人员，他们感慨道：“这究竟是一群怎样的人哪！”

现出某种高尚性”一样，他们也有自己的道德底线和原则，比如，贵族身上的珠宝和钱财，他们不能私吞，而是要交公。

群体的这种低级的推理方式，在他们的其他行为中依然有迹可循，换句话说，这种模式贯穿了他们的所有行为。所以，在屠杀了一千二百至一千五百个公敌后，有人提议说，那些关在监狱里的剩余的罪犯，包括年老的乞丐、流浪汉和未成年的罪犯，都应统统处死，因为监狱只是在养一群没用的人，他们只知道白吃白喝。而且他们中间肯定有民众的公敌，如有个叫德拉卢的女人——是一个下毒者的遗孀，“让她坐牢，她一定会非常愤怒和抵触，如果允许，她一定会烧掉整个巴黎。她肯定说过烧掉巴黎这样的话，她一定说过。杀得好。”这种说法好像非常具有迷惑性和说服力，囚犯们最终被杀得干干净净，包括大约五十个十二岁至十七岁的青少年，他们自然而然地成了国家的敌人，所以很明显，应该都被除掉。

一周的工作结束后，所有的判决也停止了，忙碌的日子终于告一段落了，刽子手们可以考虑好好地休息一下了。他们坚信，自己为祖国立下了大功，所以就去找政府邀功，最热情的人们甚至要求被授予勋章。

在 1871 年，巴黎公社时期也发生了不少类似的事件，如果群体的势力继续加强，而政府的权威节节败退，那么我们一定还会看到很多类似的事件在源源不断地发生。

点评：

作者根据法国动荡时期的暴乱事件和典型群体犯罪的经过，总结出了犯罪群体的几个特征：易受暗示、容易轻信、易被煽动、情感极不稳定、单向极端性等。其实，这些特征并不是犯罪群体所独有的，早在前面的章节里，作者就反复提到了这些特点，只是犯罪群体能将这些特点展现得淋漓尽致。

在“九月大屠杀”中，群体的手段之残忍、方式之残暴是我们现代人无法想象的。暴徒们无比自信，认为自己肩负着改变国家的重任，就算是没有任何想法的人，在众人的怂恿下，也会加入他们的行列——和那名厨子一样，只是凑了凑热闹，就把监狱长杀了。他们总想名垂史册，也很容易受到这种想法的蛊惑，这让他们行为鲁莽、缺乏逻辑。

第三章　刑事案件的陪审团[①]

提要：

1. 陪审团的一般特点。

2. 统计数据显示，他们的判决独立于他们的人员成分。

3. 影响陪审团的方法。辩护的形式与作用。说服关键人物的技巧。

①又叫“临时公民审判团”，他们的职责是对被告人是否有罪和行为的恶劣程度进行裁决。法官再根据陪审团裁决的结果进行最终判决。陪审团制度最早起源于英国，随着英国殖民的扩张，流传到了美国。目前，主要出现在英美的法庭中。陪审团分为大陪审团和小陪审团，大陪审团只适合刑事案件，一般人数为二十三人。

4. 令陪审团迟疑或严厉的不同罪行。两种罪行的不同性质。

5. 陪审团制度的好处。

由于我无法在这里研究所有类型的陪审团，因此只研究最重要的一种——法国的刑事法庭陪审团。这种陪审团是实名性质的异质性群体，它为我们研究此类群体提供了非常好的例子。我们将会看到，刑事法庭陪审团也会受到暗示的影响，表现出易受暗示和缺乏理性的特点，其成员也很容易受到群体领袖的影响，主要是受到无意识情绪的掌控。在研究过程中，我们会经常看到一些案例，能感受到不懂群体心理的人犯下的错误是多么有趣。

陪审团的出现是为了告诉我们“群体的不同成员在做出判决时，智力水平真的没有什么用”，至少在断案方面，陪审团为我们提供了一个很鲜活的例子。我们已经了解到，当成员为了某个并不十分专业的问题聚在一起讨论时，他们的智力水平会比平时低很多，即便再聪明，也派不上用场。比如，一群科学家或艺术家针对某个一般性问题进行讨论时，情况跟一群泥瓦匠或杂货店主相差无几，原因就在于他们成了群体。在不同的时代里，尤其是在1848年以前，法国司法部门就规定，挑选陪审团成员一定要非常谨慎，要从受过较高教育的阶层中选拔，包括教授、公务员、作家等。目前的陪审团成员大多是一些小商人、小资本家或公司雇员。不过最令法学家们吃惊的是，不管陪审团的构成如何，其判决结果总是一样的。

即使是那些敌视陪审制度的法官都不得不承认，事实的确如此。贝拉德·德丝·格拉热先生曾担任刑事法庭的审判长，他在回忆录中写下了自己对这件事的看法，原文如下：

“现在，选择陪审团成员的权力其实掌握在市议会手中。他们会根据大环境的政策和选举要求，把候选人列进名单或从名单上划掉……他们选择的陪审成员大多是商人，有些也可能是政府部门的工作人员，不过这个档次比以前低了很多……很多陪审团成员都是只知道指手画脚的门外汉，只要开庭的时间一确定，他们的专长和自己独到的见解就全部销声匿迹了，最热心肠、最喜欢主持正义的人的专业知识都不见了，他们开始恭敬顺从。尽管这些都变了，但是陪审团精神从未改变：他们做出的判决一直都是那样。”①

对上面这段话，我们不必理会那些软弱无力的论证，只需要记住最终正确的结论就行。对糟糕的论证，我们无须感到惊讶，因为法官和律师似乎都不太懂心理学，尤其是群体心理学，所以自然不理解陪审团。除了上面这段话，我还从这位作者的其他论述中发现了一个规律。格拉热先生认为，刑事法庭大律师拉肖先生②习惯用自己的职权进行抗辩，他之所以这样做，就是因为陪审团整体不够理性。但经验还是在告诉我们，类似的抗辩根本起不到任何作用，可以用一个事

①陪审团是受群体心理影响较强的类型。

②拉肖先生的职位要求他可以提出针对陪审团的判决是否有误的临时建议，这也是抗辩律师应有的权利。

实来证明：今天的公诉人和出庭律师，甚至巴黎所有跟法律事业打交道的人，都已经完全放弃了对陪审团的质疑权。而且正如格拉热先生说的那样，裁决的结果没有变，“既没有变好，也没有变坏”。

跟所有群体一样，陪审团必然会受到情绪因素的影响，因此几乎不会被严肃冷静的证据打动。一个出庭律师说过：“他们见不得一个哺乳期的母亲或者一名婴儿。”“一位女性只要拥有好看的外表，她就完全能够赢得陪审团仁慈温和的判决。”

陪审团对那些可能让自己成为受害者的罪行绝不留情（而那些罪行对社会的危害也最大），但是对一些因感情动机引发的犯罪案件，他们却抱着十分宽容的心态在判决。面对一位未婚的年轻母亲杀掉出生不久的孩子的案件，或者被诱奸和抛弃的少女对男友泼硫酸的案件，陪审团成员很少表现得绝情或坚定，因为他们本能地感觉到，这种犯罪行为对社会的运转产生不了多大威胁。而且，在一个“被抛弃的女生不受法律保护”的国家中，她为了报仇而犯罪，不仅没有害处，还有益处，因为她只有这样做，才能恐吓住所有潜在的诱奸者。

跟所有群体一样，陪审团也会受到威望的影响。德斯·格拉热先生就曾一针见血地指出，尽管陪审团在构成上十分民主，但是他们在好恶上有着明显的贵族化倾向：“身份、地位、财富、荣誉或者雇得起一名著名的律师。总之，一切能够增光添彩的东西都会为被告人加分，使他的处境变得极为有利。”①

一名出色的律师并不在意自己的证词是否逻辑严谨，态度是否强硬，而是关心如何影响陪审团成员，从而打动他们。他们采用的方式就是少去论证和说理，只采用低级的逻辑推理方式，就像应对任何群体一样。一位因在刑事法庭上赢了官司而名声大振的英国某律师，总结出了在法庭上应当遵循的行为规范：

“在辩论时，谁能够密切关注陪审团的一举一动，谁就拥有最有利的机会。作为律师，我们必须凭借自己的经验和观察力，从陪审员脸上读出自己所讲的每句话带给他们的效果，从而得出结论。第一步是弄清楚陪审员对自己的哪句话有好感，如此一来，让他们紧跟自己的思维就非常轻而易举了；第二步是律师需要转向那些还没有拿定主意的人，要努力搞清楚，他们为什么敌视你的看法。这些都是律师工作中最微妙的部分，因为除了正义感之外，还有很多理由能让别人认为被告人有罪。”

上面这几句话道出了演讲艺术的全部奥秘。我们知道，使用事先准备好的演讲稿一般都不会产生太大的效果，原因就是没有人对你的演讲感兴趣，这正是演讲的悲哀之处，因此你必须拥有洞察观众的反应并随之改变措辞的能力。

---

①这就是为什么威望能够成为改变群众意见，或者说服群众的直接因素。

律师不需要让陪审团的每个人都接受自己的意见，只需把控制普遍观点的几个关键人物收拢过来即可。像其他任何群体一样，陪审团里只有少数几个人在指导着整个群体。“经验告诉我，”这位律师说，“一两个拥有强大气场的人能让陪审团的所有成员都跟着他们走。”只有两三个人需要用巧妙的暗示来征服。不过最关键的一点就是要取悦他们。群体中的人，只要被一个人取悦，就很容易被这个人说服，无论向他提出什么要求，他都特别愿意接受。我从有关拉肖先生的趣闻逸事中摘录了一段，下面的这个故事会证明这一点：

“大家都知道，拉肖先生在刑事法庭上辩论时，永远不会让自己的视线离开那几个既有影响力又很固执的陪审员。他总是可以通过各种方式，把那几个固执的陪审员争取到自己这边，但是有一次在外省，他碰到了一个很难感化的陪审员。他巧舌如簧，花了四十五分钟，用了最充分的辩论，都没能打动他。他是第七陪审员，第二排椅子上的第一个人。这一局面非常令人绝望。突然，拉肖在慷慨激昂的辩论中停顿了片刻，他对法官说：‘法官大人，您能否让人把前窗的帘子放下来？第七陪审员已经被太阳晒晕了。’那个陪审员羞红了脸，他微笑着表达了对律师的谢意。最后他站在了律师这边。拉肖先生取得了成功。”

不少作家，包括一些享有声望的顶级作家，最近发起了一场反对陪审团制度的大规模运动，但是当面对一个不受控制的群体所犯下的错误（即面对群体犯罪的后果），陪审团制度是保护我们免受伤害的唯一办法。[①] 其中，有一些作家认为，可以只从文化阶层中选择陪审团成员，但事实已经证明：即便是这样，陪审团裁决的结果也不会和目前制度下产生的裁决结果有什么不同。

还有些作家以陪审团犯下的错误为依据，呼吁废除陪审团，用法官取而代之。这样的想法真是让人难以理解，那些未来的改革家怎么能够忘记，他们归因到陪审团身上的错误，都是法律系统中的工作人员先犯下的。当被告被带到陪审团面前时，警察、检察官、公诉人和初审法庭都已经认定他有罪了。所以，可以很明显地看出，如果是法官对被告做出裁决，而决定者不是陪审团，那么被告人就会失去申冤的唯一机会。陪审团会犯的错误一直都是司法人员先犯下的。所以，在发生严重的司法错误，如误判和错判时，只能把所有责任推给法官。比如，那个非常愚蠢的检察官最近对L医生的指控就是这样的。

一个半痴呆的女孩揭发L医生为自己做了非法手术，还收取了三十法郎。检察官根据女孩的指控起诉了L医生。这件事激起了人们的愤怒，因为L医生在人们的心中一直很高尚。引

---

①在实际情况中，法官是最不受行为约束的社会管理阶层。我们用尽全力赶走了统治人民的暴君，却在每个城市都安放了一个法官。他可以仅凭自己的判断将一个有名望的人送进监狱，即便是一个刚刚大学毕业的预审法官，也可以拥有这样的权力。为了一个调查，他可以把这个人拘留半年甚至更久，最后释放也不需要任何赔偿，甚至连道歉也不用。

起众怒后，最高法院院长吓得立刻将他释放了，如果不是如此，那么L医生可能早就被关进监狱了。当地全市的同胞对L医生的崇高人格的赞美，使这个错案的荒谬性昭然若揭。法官们自己也承认判错了，但是出于对所处的整个阶层的考虑，他们极力阻挠签署释放令。

在所有类似的案件中，陪审团在处理一些自己不理解的专业问题时，还是要听取公诉人的意见，他们会解释说，毕竟法官们接受过专业训练，肯定已经搞懂了案件中那些复杂的情况。那么，到底谁才应该承受所犯下的错误的责任，是陪审团还是法官？我们应全力支持陪审团，它是唯一不能由任何个人来取代的群体类型，只有它能柔和法律的僵硬和残酷。

我们都知道，法律面前人人平等，也就是说，从原则上来看，法律是一视同仁的，对任何人的约束都是相同的，不会考虑特殊情况。法官是一个极为严肃的职业，因为他们除了法律条文，基本不会理会其他任何事情。因此，说他们无情也在情理之中。法官判断任何事情都出自职业的严肃性。比如，他判处抢劫杀人犯死刑，也判处被人诱奸、遭到遗弃、被迫杀害自己的孩子的少女死刑。但是陪审团不同，他们所站的角度跟法官不一样，在他们的本能或内心深处，会觉得被诱奸的女孩比起诱奸者来说，罪过要小得多。但是法律并不惩罚诱奸者，所以那个少女应该得到宽恕。

在充分了解了阶层心理以及其他类型的群体心理之后，我到现在依然不认为，一个被错判的案件要去找法官，而不应该去找陪审团。在陪审团那里也许我还有机会申冤，但是想让法官还自己清白是完全不可能的[①]。群体的权力让人心生敬畏，但是他们所拥有的职权更让人恐惧。群体可以改变信念，但是阶层绝对不会。

点评：

本节围绕“陪审团”，详细说明了在刑事法庭上，陪审团作为一个异质性群体，是如何存在及运行的，以及律师应该通过什么方式打动陪审团，从而达到自己的目的。

陪审团作为异质性群体的典型代表，也具有和其他任何一个群体相同的特点。它易受暗示、易被煽动、缺少理性，只喜欢用道德和情感来衡量一个案件。在刑事法庭中，聪明的律师为了让自己所在的队伍赢得最终的胜利，会思考如何获得陪审团的芳心，而不是花很多时间去思考“案件中的哪个细节对我方有利”。一旦成功地让所有陪审团成员都站在自己这边，就相当于看到了希望的曙光。

我们在前面提到过，群体缺乏理性，只会感情用事，陪审团也不例外。面对一些弱势群体被逼杀人的案件，陪审团总会表现出同情和怜悯。他们和法官的区别在于，法官受过专业的

①尽管陪审团没有学习过专业的法律知识，没有接受过专业培训，他们也不是司法领域的从业者，但正是因为他们缺少理性，所以他们对道德和情感更有体会。一方面，陪审团在一定程度上弥补了法律的冰冷；另一方面，陪审团也破坏了法律的权威性和公平性。

法律训练，陪审团则没有，法官可以站在非常专业的角度，依据法律条文理性地判断谁是过错方，但是陪审团不能，他们一定会受到本能中情感因素的影响，做出一个与法律角度并不相符的裁决。

其实，刑事法庭和演讲场所并没有太大的不同，本质上都是一个人在影响一个群体，而且使用的方法大同小异。你在说的时候，一定要随时注意观众的反应，适时的说一些符合他们心意的话，那么最终的结果就会像我们所期待的那样。

第四章　选民群体

提要：

1. 选民群体的一般特点。

2. 说服他们的办法。

3. 候选人应当具备的素质：威望的必要性。工人和农民为何很少选举自己的同行。关键词和套话对选民的影响。竞选演说的一般特点。

4. 选民的意见是如何形成的。政治委员会的权力。它们代表着最可怕的专制。大革命时期的委员会。普选权虽有缺陷，但不能废除。

5. 为何即使限制选举权也不会改变选举结果。

6. 公投对所有国家的意义。

选民群体，换句话说，就是有权选出某人担任职务的群体，属于异质性群体，但是他们的行为又被限制在了一件明确的事情中，那就是在规定的候选人中做出选择，所以选民群体只能表现出群体的一小部分特点。比如，他们缺乏理性、没有判断力、易怒、容易轻信、头脑简单。除此之外，在拉票过程中，我们能看到群体领袖的影响力，还能看到前面提到的那些因素——断言、重复和感染所起的作用。

让我们一起来研究拉选票的好方法，从最成功的结果中，我们就不难归纳出选民群体的心理了。

首先，非常重要的一点是，候选人应该具备一定的威望。如果没有充足的内在威望，就只能靠钱财[①]这种外在威望来弥补。才华甚至是天才，都不是走向成功的要素。

其次，就是这些享有威望的候选人必须让选民不经讨论就选择自己。这件事和拥有威望同等重要。因为选民群体大部分是工人和农民，他们很少选择本阶级的人代表自己的意志。原因是那些和自己同阶级的人在他们之中没有威望。当然也有一些特殊情况——有的人也会选择本阶级的人，但一般是出于次要原因，如为了向某个大人物或者有权有势的雇主发泄私愤。这样，选择和他同阶层的候选人，就会给他造成一种自己凌驾于雇主之上的错觉。

候选人要保证成功，仅靠威望是不够的。选民非常喜欢看到候选人讨好自己的贪婪和虚荣。他们若想成功，就必须使用

---

①欧美国家的候选人背后都有资本家撑腰，当选后给予这些资本家一定的回馈，这无疑是一场资本游戏。

最离谱的阿谀奉承去赢得选民的欢心，哪怕是异想天开的承诺，也要毫不犹豫地说出来才行。如果选民是工人团体，那么候选人再怎么侮辱雇主都不过分。如果想摧毁竞争对手，就要利用前面提到的断言、重复和感染向公众确立一个事实：对手是一个臭名昭著的恶棍、众所周知的无赖，他的恶行尽人皆知。当然，说完后我们不用操心证据之类的事情。如果对手不懂群体心理学，就会急忙去澄清和证明自己，而不是用他的断言去应对你的断言，那个时候，他就没有机会赢了。

候选人的书面提纲也不能写得过于具体，否则对手可能会用这个提纲来对付自己，但是口头承诺即便多么夸张也不算过分。候选人可以无畏地承诺最关键的改革，这个承诺一说出口，其中的夸张成分就能发挥巨大作用，而且对未来不构成约束力。在拉选票的过程中，我们不难发现一件事：选民从来不会秋后算账，他们懒得去了解自己选出来的人是否兑现了自己所拥护的竞选纲领，虽然他们认为选对了人，该纲领就有了保障。

从上述内容中，我们可以看到第二卷中提到的所有说服因素。我们在接下来的内容中还能看到关键词和套话的影响，前面的章节中详细论述过它惊人的控制力。总之，只要熟练地掌握了这些演讲手段，那么随心所欲的影响和控制群体就不再是一件难事了。“万恶的资本”“可耻的剥削者”“值得尊敬的劳动者”“财富平等化”这类词语，总是能产生相同的效果。如果它们被使用得非常频繁，而候选人发明了新的口号，那么该候选人也总能竞选成功。因为这些口号没有特别明确的意思，因此能够最大范围地迎合最多的渴望。1873年，西班牙发生的一场血腥革命，就是一句神奇的口号引起的。那句口号的意思很复杂，每个人都有自己的定义。当时的一位作家记录了那个口号是如何出现的，他的话很值得引用。

“激进派已经发现，统一的共和国其实是乔装打扮的君主制。为了取悦激进派，议会全票通过，宣告建立‘联邦共和国’①，虽然每个人都说不上来自己投票赞成的究竟是什么，但是这个说法让大伙儿十分高兴，人们兴高采烈，无比兴奋地沉浸在这样的喜悦中。兼具美德和幸福的王国就要在地球上诞生了。在共和主义者看来，如果对手拒绝称呼自己为‘联邦主义者’，就是对自己致命的侮辱。人们在街上会用‘联邦共和国万岁’相互问候，然后开始为士兵自治和军队没有纪律这种奇怪的美德唱起赞美的歌。

“但人们是怎么理解‘联邦共和国’的呢？有人认为它指各省的解放，和美国的行政分权制类似；有人则认为它意味着废除一切职权部门，迅速迎接伟大的社会变革。巴塞罗那和安达路西

①联邦共和国奉行联邦共和制（也称复合共和制）。就是国家的组成形式是联邦制议会民主共和制。国家的各州有各自独立的宪法和法院，但统一由联邦政府管理。特点是国家具有最高立法、国家有统一的宪法和基本法律，联邦是国际政治的主体。

亚的社会主义者主张公社权力至上，他们提议在西班牙设立一万个独立的自治区，每个自治区根据自己区的具体情况单独立法，同时废除警察和军队。在南方各省，动乱出现并迅速蔓延，从一座城市到另一座城市，从一个村庄到另一个村庄。有一个村子直接发表了自己的态度：当务之急是破坏掉所有电线和铁路，切断与相邻村落甚至是和马德里[①]的联系，即便是最小的村子都有独立做决定的权利。原本的‘联邦’变成了分裂状态，硝烟四起，到处都在杀人放火，人们无恶不作，犯罪事件层出不穷。国家的每一片土地都充斥着血腥，人们疯狂地进行着血祭。”

关于理性对选民群体心理的影响，如果有任何幻想，都是因为没有读过有关选民集会的报道。在选民集会上，没有什么字斟句酌的论证，有的只是言之凿凿的歪理和刺耳的痛骂，有时还会出现相互殴打的场面。如果选民们突然安静下来，那一定是有一个享有名声的“难搞的人”说，自己要用一些难堪的问题来挫一挫候选人的锐气，这样总能让选民们开心起来。但是反对派也没法得意太长时间，因为发难者的声音很快就会被对手的咆哮压倒。下面选取的，就是关于扩大会议的报道，而我们每天都可以从报纸上看到几千个类似的案例：

“大会的组织方请求大会选出一名主席，此后，骚动就爆发了。无政府主义者跳上讲台，粗暴地夺走了话语权。社会主

①西班牙首都及最大都市，也是马德里自治区首府，其位置处于西班牙国土中部，曼萨纳雷斯河贯穿市区，马德里同时也是西班牙的商业中心和“总部经济”中心。

义者强烈地反抗。两个党派相互殴打谩骂，都指责对方是拿着政府工资的间谍……一个眼睛被打青了的公民离开了会场，走出了会议大厅。

“会议拖延了很长时间，最后在一片喧闹声中，大家终于各就各位，某同志获得话语权。

“这位演讲人一开始就激烈地抨击社会主义者，社会主义者则用‘白痴’‘叛徒’‘荒诞’之类的骂声打断了他。这位同志又用这些脏话回击他们，而根据这位同志的那套理论，所有的社会主义者都是‘白痴’‘小丑’。

“昨天是五一劳动节前夜，该党派在福伯格宫大街的商务大厅组织召开全体大会，会议的口号是‘沉着冷静！’

“G同志说社会主义者是‘白痴’和‘骗子’。

“这些恶言恶语引得大家互相谩骂，台上台下相互攻击，演讲者和观众开始对打，身边的桌椅板凳都成了武器……”

千万不要以为，只有某个阶级才会把会议开成这样，这个现象和社会地位无关。不管是什么样的匿名会议，即便参与者全都是受过高等教育的人，他们也会在会议上争论起来。我在前面已经说过，当人们聚集起来形成群体时，智商降低的机制就开始发挥作用，在所有场合我们都能找到这方面的例证。下面呈现的，是我从1895年2月13日《时代报》上摘下来的会议报道，值得一说的是，参加会议的人都是学者。

“随着时间的流逝，喧嚣声有增无减。我觉得，没有人敢站上台去讲两句完整的话，因为随时都有嘈杂的声音响起，要么是从某个摸不清的地方，要么是从四面八方；掌声和嘘声夹杂在一起；观众在台下激烈地议论着什么，但是看那个架势，他们似乎有点气急败坏了；有的人举着棍子恐吓着谁；有的人使劲跺脚，把地板跺出了一个坑；如果有人想站在台上试图结束这混乱的场面，一定会有人打断他的演说，并引来一片‘把他轰下去’或者‘让他说’的哀怨声[①]。

“C先生满嘴都是‘白痴’‘懦夫’‘恶棍’‘卑鄙无耻’‘唯利是图’‘打击报复’之类的词，他宣称要把协会里的这些东西统统消灭。像诸如此类的话还有很多。”

人们也许会问，在这样的情况下，选民们还怎样形成统一意见呢？提出这个问题，说明你还对群体所拥有的自由程度怀有不切实际的幻想。群体从来不拥有理性的看法，如果去骗他们，一骗一个准儿。在我们研究的这个案例中，选民的意见和选票最终掌握在选举委员会手中，而选举委员会的成员都是混迹于政圈的政客，里面的灵魂人物一般是共和党人，操纵着依赖于自己的工人们，他们向工人允诺好处，因为这样才能获得更多支持。舍勒先生[②]，当代最勇敢的民主斗士之一，他说过：“选

①在作者看来，只有掌握了演讲的艺术，才能真正避免这种情况发生。

②马克斯•舍勒（1874—1928），德国著名基督教思想家、现象学第二泰斗，是现象学价值伦理学的创立者、知识社会学的先驱、现代哲学人类学的奠基人，代表作品有《论人类中永恒的东西》《论价值的崩溃》。

举委员会正是我们各项制度的基石，是政治机器的杰作。现在的法国就受着选举委员会的统治。”

其实，要影响选举委员会并不是一件难事，只要候选人能够被群体所接受，并拥有一定的财源。给布朗将军捐款的人都说，只要凑够三百万法郎，将军就一定能继续当选。

这就是选民群体的心理，跟其他群体大同小异，既不算好，也不算差。

根据上面所说的内容，我知道了它的命运，不过我并没有得出“我们不应该进行普遍选举”的结论，出于一些实际原因，我愿意保留这种方法。事实上，我们可以研究群体心理学归纳出这些原因，下面我将会对这一点进行进一步说明。

毋庸置疑，普选的劣势非常明显，我们无法做到视而不见。不可否认的是，文明是由金字塔顶点的那一小部分智力超常的人士绘制的，随着金字塔下部各个层级的加宽，智力相应地降低，这类人也越来越多。可以说，在一个国家中，阶级越靠下，智商较低的人数就越多。如果一种文明仅仅依靠人多势众、喜欢自夸的底层阶级的选票来壮大和发展，那肯定是无法让人放心的，靠群众投票选出的结果也往往很危险，它会让我们付出惨重的代价，招致残酷的侵略。

虽然上面这些反对意见讲得非常精彩，但在实践中不容易站稳脚跟，就更别说发展自己的势力了。只要我们还记得当观念变成教条之后，会拥有不可征服的力量，我们就会承认这一点。

从哲学角度看，人民主权论就像中世纪的宗教教条一样不堪一击。但是在今天，它却拥有从前的那些教义所拥有的绝对权力，所以它像过去的宗教观念一样不可战胜。

假设现代有一个自由思想家神奇地穿越到了中世纪，当他看到某种教义占据统治地位的时候，你觉得这位思想家还会去攻击这种流行思想吗？当思想家落到了要把他送上火刑架的法官手中，甚至有人指控他与魔鬼勾结或参加了女巫的宴会，他还会去质疑魔鬼或女巫的存在吗？朝着公众讲理，还不如去说服飓风。

现如今，普选的信条有着跟过去的宗教教义一样的权威，它仿佛成了一种不可推翻的信仰。现在的演说家和作家都对这种方式极力吹捧，这是一种即便是路易十四也享受不到的奉承。因此，对待普选的信条就要像对待宗教教条的立场一样。不过，也只有时间才能对两者产生影响。

而且，打破这种教条是根本不可能的，因为它在表面上看起来非常合理。托克维尔[①]说过一句非常好的话："在平等的年代，人们并不因为彼此之间有相似的思想就相信彼此，但又正因为他们具备相似性，所以他们几乎完全相信公众的判断。原因就在于，既然所有人都拥有聪明才智，那么真理一定是和数量这个优势并存的。"

---

①阿历克西•德•托克维尔，代表作品有《论美国的民主》《旧制度与大革命》《美国游记》等，属于古典自由主义学派。

既然如此，是否应该对选举权加以限制呢？比如，根据能力限制大家的投票权，如果这样做了，是否就能改善和优化民众的选举结果呢？事实上，我从来没有这样想过，因为我已经说明过理由：个人的才智有高有低，但是当他融入群体后，无论群体的成分如何，群体成员的智商一定会有被拉低的倾向。那么在一般性问题上，四十个院士和四十个挑水工的表决结果不会有什么太大的不同。

所以我一点也不相信，只让那些学者或者受到过全面教育的人投票，结果会如何大不相同。这种话没有什么道理，因为一个人不会因为精通希腊语或数学知识，或者因为是建筑师、兽医、外科医生或律师，就对社会问题有着极为深刻独到的看法。换句话说，他们的职业才能是不能和社会问题的专业才能互画等号的。我们的政治经济学家全都接受过高等教育，大部分都是院士、教授级别的，但是他们在一起讨论某个普遍性问题（贸易保护主义①、双本位制②）的时候，从

①贸易保护主义是一种国际贸易理论，是指在对外贸易中实行限制进口以保护本国商品在国内市场免受外国商品竞争，并向本国商品提供各种优惠以增强其国际竞争力的主张和政策。

②双本位制是金银两种货币按法定比价流通。国家依据市场上金银比价为金本位币与银本位币规定固定的兑换比率。两者的交换比率不受市场上金银价格波动的影响。在双本位制下，金币和银币按决定比价流通，这就克服了平行本位制下那种混乱的局面。但在双本位制下，当市场上金、银的比价发生变化时，会引起金币或银币的实际价值与名义价值背离。这时，实际价值高于名义价值的货币（良币）就会被人熔化，退出流通领域，而实际价值低于名义价值的货币（劣币）则会充斥市场。这就是“劣币驱逐良币规律”。

来没有达成过共识。原因就在于他们的知识不过是蜕变后的普遍无知。在更多社会问题上，他们不懂的东西太多了，所以人的普遍本质就是无知。

从这一点来看，一个完全由专业学者组成的选民群体做出的投票结果，并不会比现在的情况好多少。他们也许还会受到党派精神和个人情感的支配，那么我们现在必须解决的问题不仅不可能减少，而且一定会受到阶层暴政的压迫。

不管是让群众普选，还是限制他们的选举权，不管是在共和制下进行，还是在君主制下进行，不管是在法国、比利时、德国、葡萄牙还是西班牙，结果都一样，毕竟群体选举权背后表达的是一个民族潜意识里的追求、向往和需要。在任何一个国家，当选者的普遍观念都象征着民族的性格和禀性，即便是从这一代到了下一代，这种民族性格和民族禀性也不会发生什么明显的变化。

通过上述的内容我们可以看出，所有问题都能绕回到民族性这个根本因素当中。我们的确会经常遇到它，由此会产生一种认识，那就是民族因素是首要因素，由它派生的政府、各种制度等次要因素只能对民族生活产生很小的影响。民族性格是支配民族的主要因素，也就是说，我们先天品质的总和都受民族性格的影响。民族性和日常生活里限制我们的枷锁，就是主宰我们命运的两大神秘因素。

点评：

作者用一章的篇幅向我们介绍了“选民群体”的特点。作为群体的一个类别，选民群体具有其他群体所具有的普遍特点。通过观察大量的选举活动，我们可以发现，拉票活动就是一场大型演讲，谁能在规定的时间内打动更多观众，谁的胜算就多一分。到最后，选举活动已经演变成为语言的艺术。讽刺的就在这里，民众不会秋后算账，他们并不关心这个领导人在任期内有没有兑现自己的承诺，他们只是在当时被候选人的花言巧语所打动罢了。而候选人在拉选票时做的承诺极具蒙蔽性，事后怎样，只能交给民众去衡量和承担。这就是作者理解的选民群体。

除此之外，作者再次提到了群体缺乏理性的事实。尤其是他经常提到的，科学家开会的成果跟普通人讨论的结果没有多大区别。关于这一点，我们需要辩证地看待。尽管人们会受到一些群体心理的影响，但是我们不能完全否认，群体开会没有任何好处。如果是这样的话，在头脑风暴中创造出来的新想法、新创意又该如何解释呢？

勒庞提到的一些观点受时代性和个人经历的影响，带有一定的偏激性，但这不妨碍我们去学习本书的精华。只有取其精华，去其糟粕，才能明白群体心理的迷人之处。

第五章　议会[①]

提要：

1. 议会中的群体可以表现出异质性群体的大部分特征。他们的意见趋向简单化，易受暗示，但并不接受某些暗示。他们拥有可变的观念，也具有坚不可摧的牢固信念。议而不决，经常拖延的原因。

2. 领袖的作用。领袖威望的来源。这些领袖才是议会真正的主人。演讲术的要点：没有名望者的演说劳而无功。

3. 议会成员的感情夸张，无论是积极情绪还是消极情绪，在某些情况下，它们都会进入不自觉状态，完全不受理性的控制。

4. 国民公会的实例。议会失去群体特征的情况。

5. 专家在技术性问题上的作用。

6. 议会制度的优点和危险。议会适应现代要求，但会造成财政浪费，限制自由的发展。

7. 结论。

议会，其实就是一个拥有名称的异质性群体。虽然议会成员的选举方式在每个国家或者不同时期都有所不同，但既然是议会，它们就有很相像的地方。在议会这样的场合中，人们也一定能感受到民族性的影响。也许这种影响会强化或弱化群体的特征，但绝对不会淹没群体的基本特征。像希腊、意大利、

---

①议会，又称国会。起源于英国，是从封建性质的等级会议演变而来的。1688年“光荣革命”后，议会于1689年、1701年通过《权利法案》和《王位继承法》，赋予议会立法、决定财政预算、决定王位继承、监督行政管理等方面的权力，从此议会成为代表资产阶级利益的最高立法机关。此后为美国、法国及其他资本主义国家普遍采用。

葡萄牙、西班牙、法国和美国这样的国家，虽然议会看上去大不相同，但是在辩论过程中，或者在投票表决方面，经常表现出很大程度的相似性，正是因为这样的相似性，才使不同国家的治理都面临着同样的困难。

虽然议会制度是现代文明国度的理想，但是这种制度反映了一种观念，即一大群人所做的决策肯定比少数人做出的决策更明智、公正。而从心理学的角度来看，这是一种错误的普遍观念。

我们在议会中也可以看到成员们具有的普遍特点：头脑变得简单、容易愤怒、情感极易夸张、易受暗示，尤其是受到少数群体领袖的操控。但是，因为议会的构成具有特殊性，所以议会中的群体也具有一些明显的其他特点，下面我们就来对此做一些简单的说明。

头脑变得简单是议会的一个显著特点。我们会发现，所有的议会，尤其是在拉丁民族的党派议会中，无一例外地存在着一种明显的倾向，那就是喜欢用最简单抽象的理论和原则来解决最复杂的社会问题。尽管具体理论和原则会随着党派的不同而不同，但他们总是倾向于夸大自己的理论和原则的价值，并且非要把它们贯彻到底不可，而原因仅仅是自己隶属于群体。因此，议会群体就像一个聚集了很多极端偏见的集合体。

议会成员那种特别质朴的简单头脑，能够在法国大革命时期的雅各宾党人身上得到最完美的诠释。他们用刻板的教条和逻辑对待人和事，这种固执和死板都仿佛深深地渗透进了骨子里，他们的头脑中充满着含混不清的概念，即使这样，他们依然在慢条斯理地套用那些死板的观念，有趣的是，他们并不关心事实如何。有的人评价得非常正确，他们经历了一场革命，但是没有看到这场革命。在受到一些极其简单的教条的影响后，他们天真地以为自己可以把这个社会上上下下、里里外外彻底地重塑一番，然而结果是让一个高度发达的文明退回到社会进化的早期阶段。他们为了实现自己的梦想所采用的一切方法，跟那些头脑质朴简单的人有着相同的特点。其实，他们只做了一件事，就是把拦在前面的所有东西统统都毁掉。无论是吉伦特派①、山岳派②还是热月派③，都被同一种精神鼓舞着。

就像其他任何群体一样，议会中的群体很容易受到暗示的影响，这些发出暗示的人都是群体领袖，享有很高的威望。但是这里值得注意的是，议会群体受暗示的特点具有非常明显的界限和底线。

---

①吉伦特派，有时称“布里索派”或“长棍面包派”，是法国大革命时期立法大会和国民公会中的一个政治派别，主要代表当时信奉自由主义的法国工商业人士。

②山岳派，法国大革命期间国民公会的激进派议员集团。其所以称为山岳派，是因为他们在开会时坐在议会中较高的长凳上。1792年秋，山岳派是作为国民公会中较温和的吉伦特派的反对者出现的，他们由巴黎和其他城市选出的代表组成，依靠小资产阶级和无裤党的支持，并与巴黎的雅各宾俱乐部关系密切。

③热月派，法国大革命时期发动热月政变的政治集团。其成员是国民公会中的平原派、丹东派和埃贝尔派残余分子以及政变后被召回的吉伦特派分子，主要代表大资产阶级和革命期间投机致富的新兴有产者阶层的利益。代表人物有巴拉斯、富歇、塔利安等。

在关于地方性法规和部门规章议题的一些问题上，议会中的每个成员都坚定地维护着自己的原有意见，任何论证都无法使他们动摇。比如，在贸易保护或酿酒特权的保护问题方面，即使狄摩西尼[①]在世，恐怕也很难改变议会中任何成员的意见，因为这影响到了那些有势力的选民的利益。这些选民在投票期到来之前向周围发出的各种暗示，足以压倒来自其他任何方面的一切信息，这样一来，选民意见的稳定就得到了全方位的维护。他们所向披靡，让议员对自己的权益死心塌地。

一个在议会任职多年的英国议员的回忆中，说的正是这件事。其实在开会前，意见都已经定得差不多了。考虑到大选，所以也没有再更改的余地了。“我在威斯特敏斯特做了五十年议员，听过成千上万的演讲会，可是从来没有一个人能让我改变想法，另行投票，这样的事情真的从来没有发生过。”

涉及一般性问题时，如内阁换届、开征新税等，议员们的意见就变得不那么坚定了。群体领袖的鼓动一般可以产生一定的影响，但是和在普通群体中又不完全一样。每个政党的代表团都有自己的领袖，有时候正团长和副团长的势力旗鼓相当，结果就是议员们发现自己夹在两人中间左右为难，因此变得犹豫不决。所以，我们经常可以看到这种情况：十五分钟之后，

---

①狄摩西尼，又称德摩斯梯尼（公元前 384—公元前 322），古雅典雄辩家、民主派政治家。早年从伊萨学习修辞，后教授辞学。积极从事政治活动，极力反对马其顿入侵希腊。后在雅典组织反马其顿运动（拉米亚战争），失败后自杀身亡。

反对意见和支持意见对调了；过了一个小时，就加了一个条款来废掉整个法案，如先剥夺雇主选择和解雇劳工的权利，然后加上了一条几乎要废除这个措施的修正案。

出于类似的理由，每届议会都会表现得极有主见又没有主见。大体来说，一般性问题出现的次数越多，议会的拖延问题就越严重。大家之所以变得犹豫不决，是因为他们永远害怕选民，而从选民那里收集到的意见总是姗姗来迟，并且总是有和团长们意见相左的倾向。

但是在不计其数的辩论中，当涉及这些问题的议员们没有过于成熟或者太强烈的意见时，处于主导地位的还是那些领袖。

领袖是必然要存在的，他们的必要性是显而易见的，在每个国家的议会中，都可以看到他们以群体领袖的名义存在着，他们是议会的真正统治者。如果一个群体没有了领头人，那么最后做出的决定一定代表着少数人的意见，其实也就意味着一事无成。

领袖的影响力不在于巧舌如簧的口才，或者能举出什么逻辑严密的论证，他们的影响力很大程度上来自他们隐性的威望。能证明这点最好的依据就是：一旦他们因为某个原因而威信扫地，他们的影响力就会立即消失。

对政治领袖来说，他们的威望都是内在威望，与财富、头衔、名气等都无关。朱尔斯·西蒙[①]先生参加了1848年的国民议会，

①朱尔斯·西蒙（1814—1896），法国政治家、哲学家。

他身为当时的成员之一，为我们提供了一些非常具体的例子，以下内容是他评价几个大人物的言论：

“路易·拿破仑两个月以前还所向披靡，现在已经完全无足轻重了。

“维克多·雨果登上讲台演讲，他没能获得预想中的成功，人们听他演讲，就像听菲利克斯·皮阿①说话一样专注，但是他们并没有为此鼓掌。‘我不喜欢他的那些想法’，沃拉贝尔在谈到菲利克斯·皮阿时跟我说，‘不过他是法国最了不起的作家之一，也是最伟大的演说家。’埃德加·基内②尽管聪明过人，能力很强，但是人们一点也不尊敬他，没有人给他面子。在召开议会之前，他还有过一阵子名气，但在议会里，他却籍籍无名。

“对才华最漠不关心的地方，非政治集会莫属。各党派能够注意到的，只有当时当地的滔滔辩才，以及对自己有什么好处，大家并不在乎它对国家来说是否有利。如果想拥有1848年的拉马丁③和1871年的梯也尔④所获得的那种荣耀，就必须有急切而

---

①菲利克斯·皮阿，法国社会主义政治家、记者、作家。

②埃德加·基内，法国历史学家、诗人、哲学家。主要著作有《宗教的天才》《创造》《19世纪的宗教革命》《新精神》和散文诗《亚哈随鲁》等。

③阿尔封斯·德·拉马丁（1790—1869），法国19世纪第一位浪漫派抒情诗人、作家、政治家。其是浪漫主义文学的前驱和巨擘。他的抒情诗感情真挚，音韵优美。主要作品有《新沉思集》《诗与宗教的和谐集》等。

④路易·阿道夫·梯也尔（1797—1877），法国政治家、历史学家，奥尔良党人。1871—1873年，梯也尔担任法兰西第三共和国首任总统。

无法动摇的利害刺激才行。一旦危险消失不见，议会立刻就会忘记曾经的感激和受到的惊吓。”

之所以我会引用上面的那些话，是因为它包含着一些事实，而不是因为它能提供一些解释，说到解释，那里面可没有什么心理学方面的知识。群体一旦要评价领袖的工作，不管是政党领袖还是国家领袖，就会立刻失去主见回归到群体中。群体之所以服从领袖，是因为他们被领袖的威望所影响，而不是因为这个领袖做过什么贡献，是否应该感激。

所以说，只要群体领袖具备了足够强大的威望，那么他就几乎掌握了绝对的控制权。著名议员乔治·克列孟梭①在很长一段时间中，依靠威望享有巨大的影响力，人们知道他在上次大选中因财政丑闻被击败，最终落选。但是在当年，他只需要做一个手势，内阁就得倒台、换届。我引用某位作家的话来向大家展示一下乔治的影响力：

“主要因为这位 X 先生，我们在东京湾这个问题上付出了三倍的代价；也是因为他，我们在马达加斯加的地位岌岌可危，在南尼日尔被骗走了一个帝国，真是一去不复返啊，我们还在埃及失去了曾经辉煌的统治地位。这位先生的理论让我们丢掉了自己的领土，这比拿破仑一世带给人间的灾难还多。”

对于这样的领袖，我们不能太过责备或痛恨。尽管他让我

---

①乔治·克列孟梭(1841—1929)，法国政治家、新闻记者，法兰西第三共和国总理。

们付出了惨重的代价，但是他之所以拥有这么大的影响力，就是因为他总是在顺应民意。在殖民问题上，过去的民意和现在的民意完全不同。现在的领袖很少超前于民意，或者引导舆论，他们所做的就是顺应民意，并助长其中的所有错误。

我们讨论过领袖说服群体的手段，除了威望之外，还有很多一直反复强调的因素。要想熟练巧妙地运用这些因素，就必须对群体心理非常了解，最起码要无意识地学着去了解群体心理。他还必须知道自己该用什么方式向群体说话。他尤其应该了解各种关键词、套话和形象具备的强大吸引力。他也必须具备一种特殊的口才，能够熟练运用强烈的断言、具有冲击力的联想、生动的形象和套话。这种口才在任何议会中都能看到，英国议会也不例外，虽然它是所有议会中最严肃的一类。

英国哲学家梅因①说："在下议院的辩论中我们可以看到，所谓讨论不过是一些容易发怒的人在说着软弱无力的大话，他们一直在争斗一些很虚的理论。那些大套话对民众能够产生很大影响，能让他们产生极大的想象。让民众接受用形象的语言表达出来的笼统主张，从来不是什么难办的事情。即使它从来没有得到过证实，不过可能也证实不了。"

上面提到的"形象的语言"，其重要性不言而喻，需要一

---

①亨利·詹姆斯·萨姆那·梅因（1822—1888），19世纪英国著名的法律史学家，历史法学派在英国的代表人物，晚期历史法学派的集大成者。因其著作《古代法》而被西方学者公认为英国历史法学的创始人，在西方法学界影响颇大。

再强调。我们多次提到关键词和套话的强大力量，并一直在说要精心选择措辞，并唤起一个足够鲜明生动的形象。下面这段话摘自一位议会领袖的演说，它为我们提供了一个非常好的范例：

“如果用同一艘船把臭名昭著的政客和反政府的杀人犯关在一起，并将他们发配到瘟疫区，那么这两个人就可以静下心来促膝长谈了，他们会把对方视为同谋关系中互补的两派。”

类似的话会唤起非常鲜活的形象，一旦演说者这样讲，他们的对手听到这些话就会感到莫名的威胁。他们的头脑中会想象出两幅画面：一幅是流放目的地正在闹瘟疫；另一幅是一艘船可能会把自己带到安全的地方。难道自己不会被定义成界定不明确的臭名远扬的政客吗？他们隐隐感到了某种恐惧，这种恐惧，或者说威胁，跟当年罗伯斯庇尔用“断头台”给工会的人造成的恐惧和威胁，在感觉上是一样的。在这种恐惧和威胁的双重影响下，他们肯定会投降。

喋喋不休地说最夸张的话，耸人听闻，放纵情感，这对群体领袖而言都是非常有利的[①]。我刚刚引用的那段话的作者就断言过，资本家和牧师们资助了扔炸弹的人，因此金融大公司的经理也应该受到和无政府主义者一样的惩罚。

这种断言对群体永远有效，它们总会对群体发挥作用，断

①不管是在议会中，还是在哪里，演讲的艺术都是打动民心非常有效的手段。

言和恐吓的话即使再狠也不过分。这种话最能吓住群体，听到的人会感到害怕，如果自己反对，就会被当成叛徒或同犯遭到镇压。

就像我说的，这种特殊风格的辩论在所有集会中都有统治作用，在危急时刻更有力量。在法国大革命时期各种集会上讲话的那些演说家，从这个角度来解读都非常有趣。他们随时都认为需要岔开话题，先谴责罪恶，弘扬美德，然后对着那些暴君破口大骂，发誓如果没有自由，那么自己宁愿去死。听众们就会站起来热烈地鼓掌，等到冷静下来之后，再回到自己的座位上。

当然，也有一些受过高等教育的聪明领袖，但是具备这种品质对他们而言通常是有害无利的。他们的聪明和智慧会要求他们说明事态有多么复杂，同意做出解释，促进相互理解，而严重缺乏信徒们所需要的基本的狂热信念，所以才会显得软弱愚蠢。在任何时代，尤其是在大革命时期，伟大的群体领袖都是才智不是那么过人的人，甚至可以说是一个平庸得让人吃惊的人。换句话说，最有势力的、影响力最大的，反而是那些最没有什么才智的。其中最著名的要属罗伯斯庇尔的演说了，他的演讲经常让人吃惊，因为很容易自相矛盾，只听这些演讲，实在搞不懂他想表达的到底是什么，也搞不懂为什么他能够独掌大权：

“枯燥无聊的常识和废话，稀松平常、糊弄小孩子的拉丁文化，辩论和攻击所采用的思想不过是小学生喜欢用的歪理。没有深度的思想，没有让人舒服的措辞，也没有切中要害、一针见血的讽刺。有的只是让我们心生厌烦的疯狂断言。读过那么多不招人待见的东西之后，人们不免会效仿和蔼的卡米尔·德穆兰[①]，长叹一声：‘啊……’。”

一想到一个极端偏执和狭隘的人拥有着无比狂热的信念、极大的威望和强大的气场，就会让人心惊胆战。当一个人想要无视各种障碍，并表现出强大的意志力时，就必须满足这些最起码的条件。群体会本能地在精力旺盛、信念坚定的人中寻找自己可以依靠的主人，他们永远都需要这种人物。

在议会里，一场演说要想取得成功，绝对不是靠演说者提出的论点，而是完全取决于演说者的气场和威望。关于这个事实的最好证明，就是一个人如果因为某种原因失去了威望、名气、气场，那么他所有的影响力或拉票能力都会立刻消失，化为乌有。

当一个名不见经传的演说者，在演讲中讲一些证据充足的大道理时，那么这场演讲就会变成一场听证会，他的作用无非就是让观众们听听而已。德索布先生是一个有心理学功底的议会代表，最近他说了下面一段话，主人公是一位没有气场的议员：

---

①卡米尔·德穆兰，诗人，经常在诗句中使用一些感叹词，如“啊”。

“他走上讲台后，从公文包里拿出一份演讲稿，煞有介事地摆在自己的面前，信心满满地开始发言。

“他曾经夸夸其谈，吹嘘自己拥有足够的能力让观众通过自己的演讲而备受感动，自己可以把理念的种子播撒在观众心中。他一而再再而三地推敲着自己的稿子，对引用的论证和数字都充满信心。他依然坚信自己可以说服观众。在引用的真实论据面前，所有反对意见都会失去应有的效果。他一厢情愿地讲起来，开始的时候，他相信自己做得不错，一心认为和自己共事的人们也只渴望和赞同真理。

“他没说多久就诧异地发现，大厅里并不像自己想象的那样安静，人们不停地发出噪声，这让他感到有些烦躁。

“为什么大家不能保持安静呢？为什么大家都不留意自己的发言呢？那些在台下窃窃私语的代表们在议论什么呢？到底是什么紧急的事情让那些议员们离开了自己的座位呢？

“他的脸上展现出了一丝不安的神情，他皱起眉头，停止了演讲，面色凝重，似乎表现出了对这种局面的不满。在议长的鼓励下，他重新开始自己的发言。这次，他提高了音量，还加上了各种不同的手势。然而，这样的调整似乎无济于事，台下的噪声越来越大，这就意味着更没有人听他演讲了，周围的噪声也淹没了这位议员演讲的声音，他都听不见自己的声音了，于是他再次停了下来。最后，他由于担心自己的沉默会再度引来台下的噪声，便大喊了一声‘闭嘴’，又开始自顾自地演讲起来，台下的喧闹声变得让人更加难以忍受。”

当议会成员们的情绪累积到一定程度后，就会变成一般性的异质性群体，常常表现出情绪极端化的特点，这种情绪极端化令他们的感情也走向了极端。这就是为什么我们常常看到议会通过了最勇敢的法案，也做出过最可怕的事情。在这种情况下，个人已经不再是自己，他完全失去了自己的立场和判断。可想而知，在这样的议会氛围下，他很可能投票支持对自己最为不利的法案。①

法国大革命这段历史也能在很大程度上告诉我们，议会这种形式会多么严重地影响到议会群体中每个人的自我意识，让议会成员接受对自己来说可能致命的怂恿。从前高高在上的贵族放弃自己的特权是个无比巨大的牺牲，然而在那个载入史册的夜晚，同样在这种议会上，他们却做得毫不犹豫。议会成员们放弃了自己应该捍卫的权利，也无可避免地令自己永远处在死亡威胁的阴影之下，他们竟然毫不犹豫地迈出了这一步。这些议员并不害怕，也毫无怜悯地滥杀与自己处于同一阵营的人。当他们独处时，他们也会想到，今天自己挥起的手臂，就是明天架在自己脖子上的屠刀。这就是真相，他们进入了我们刚才分析的完全无自我意识的状态，任何本

①群体的矛盾性心理会一直存在。

该有的理性和立场都不能在此刻影响他们催眠式地服从指令。下面这段话摘自劳·凡尔纳议员的回忆录，也非常典型地记录下了这种情况。“归罪于我们的那些决定，”他说，“在前一天晚上双方没有任何一个人赞同，但它们通过了。也许也只有在那个时间、那个地点，才会发生这种事情。”这无疑是对这种现象最准确的诠释了[①]。

在所有群情激奋、慷慨激昂的议会中，随处可见类似的无意识现象。

泰纳说：“他们竟然亲自批准并颁布实施那些把自己吓得不轻的法案。这些法案不仅仅是寻常的愚蠢至极，简直就是在犯罪——不仅杀害无辜的人，还谋杀他们自己的亲朋好友，在右派的支持和怂恿下，左派成员们在热烈的掌声中达成了一致意见，把左派的伟大领袖、大革命的伟大先驱——丹东送上了断头台。不仅如此，右派在左派的支持下，在更加激烈的掌声中，通过了可以说是革命政府最恶劣的法令。议会成员们在一片欢呼声中表达对科洛·德布瓦、库东和罗伯斯庇尔的赞扬，不由自主地再次举行改选，把杀人如麻的政府留在了台上。平民派们厌恶它，因为它滥杀无辜；山岳派憎恨它，因为他们的人几乎被这个政府杀光了。平民派、山岳派、多数和少数派们，最后都罕见地一致同意并促成了对自己的屠杀。在牧月[②]22日

①议会成员的矛盾性就体现在这里，既容易受到暗示，又很固执地坚持自己的看法。

②1793年10月5日法国国民公会决定改行共和历法，月名以自然的变化为特征，如雾月即11月，热月为8月，牧月为6月。

这天，整个议会亲手把自己的前途和命运交给了刽子手；热月8日，在罗伯斯庇尔演讲结束后的十五分钟内，相同的事情再次在议会中上演。”

这个画面看起来有些残酷恐怖，但是它非常准确地刻画了议会的规律。议会要是兴奋到一定程度，就和头脑发昏没什么两样，会表现出同样的特点，仿佛催眠一般。它会变成不稳定的兽群，能对任何刺激产生反应，最终议会成员们会服从一切冲动。下面这段话就是关于1848年议会的，它描述得很具有代表性，摘自《文学杂志》，作者是议会成员斯布勒尔先生，他是一位有着不容置疑的民主信仰的议员。我把这段话摘抄在这里，它为我讲过的情绪夸张这一群体特征提供了相当好的例证，同时解释了群体的极端动态性，也就是从一种感情转变为截然相反的另一种感情，或者在这两种感情中来回转换，动态性这一点可以想到各党派代表会的朝三暮四。

“共和党一会儿因为自己党派的问题，如分裂、嫉妒和猜疑而产生内斗，一会儿又表现得质朴天真、无限乐观，这种普遍怀疑和盲目自信不相上下，从而使议会遭到了灭顶之灾。和毫无纪律、不知纪律为何物相伴而生的，是无限的恐惧和幻想，完全没有一致感，根本搞不懂他们究竟在干什么。在这些方面，乡下人和儿童都比他们强。他们时而表现得极度冷静、克制，时而表现得极度惶恐不安，他们的狂暴不知因何而起，但是服从起来又是那么令人吃惊。上面这种情况就是性格不成熟和缺乏教养的自然结果。没有什么事情能使他们变得焦躁不安，但是任何事情都能让他们慌张不已。如果出于恐惧，他们就会胆小如鼠，但是出于大无畏的英雄主义，他们也可以赴汤蹈火。

“不管什么原因，也不管什么结果，他们不在乎事物之间的关系。他们非常容易变得灰心丧气，也非常容易变得斗志昂扬，他们很容易陷入各种各样的恐慌情绪之中，不是过于紧张就是彻底绝望，他们从来没有学会如何具备环境所要求的措施或心态。他们比流水还容易改变自己的形状和流向，头脑混乱，行为失常，有路就走，能指望他们为国家和人民提供什么好的治国理念和政治基础呢？”

不过幸运的是，上面这些在议会中看到的特点，并非总是出现。换句话说，各党派的议会成员，也并不是一直都像上面讲的那样。他们只是会在特定的时间变成群体。议会成员们大部分时间都保持着自我意识和独立的人格、性格，这就可以解释为什么议会能够制定出非常出色的法律。其实，真相就是，那些优秀法律的作者都是专家，他们都是在自己的书房里安静地起草的。所以说，依靠表决通过的法案，不是群体的产物，而是个人智慧的结晶。这些法律自然是非常优秀的，但是一旦让一系列修正案把它变成群体的产物，就会带来不可预估的灾难性的后果。无论什么时候，群体的产物总比个人的作品差得多，品质总是更低劣一些。专家阻止议会通过一些没有经过深思熟虑，或者考虑不周的政策。在这种情况下，专家会充当群体暂时的领袖，议会无法影响到他，他却可以影响整个议会。

不过，在实际生活中，它依然存在着两大严重危险：一个是不可避免的财政浪费；另一个是对个人自由的不断蚕食和限制[①]。

第一个危险是选民缺少远见和各种紧迫问题堆积之后的必然结果。当某位议会成员提出一个看似满足民主理念的方案时，如提出“让所有工人都能得到养老金”或者“增加所有级别的政府的雇员工资”时，其他议会成员会由于惧怕选民而不敢提出反对意见，因为那看起来是一种不顾及选民利益的做法。虽然他们清楚，这样肯定会增加预算负担，造成新税种的设立。但是他们投票时依然不能表现出任何迟疑和犹豫。增加开支会对遥远的未来产生影响，但并不会给他们现在造成什么不利的结果，如果投了反对票，当议会成员们为了连续任选而必须抛头露面时，其消极后果就会展现出来。

除了上面提到的扩大开支的影响之外，还有另一个同样重要的原因，那就是必须对所有地方性开支都投赞成票。众

---

①作者从一个非常宏观的视角向我们说明了议会造成的不利影响。

议员无法反对这种提案，因为这是选民的需要，它反映着选民对生活的迫切需求。并且只有投赞成票，才能在为自己的选民争取类似的要求时获得其他议员的支持。简言之，我的选民有需要时，你投票支持我，下次你的选民有需要时，我也会投票支持你。

上述第二个危险看起来似乎并不明显，但的确真实存在，这就是我们所说的，议会必然会无限、持续地限制和压缩个人的自由，因为这就是法律——都是一些限制性措施——会不断增加。议会认为自己有义务表决通过法律，但是他们目光短浅，甚至对这样做的结果茫然无知。

事实上，这种危险的确无法避免。英国采取的议会制度无疑是最好的。因为议员可以在较大程度上保持独立，他们独立于选民，但最终也无法躲避满足选民的危险。赫伯特·斯宾塞在一本距今很久的著作中指出，表面上自由的增加，必定会导致真正的自由减少，这就是代价。他在新书《人与国家》[①]中又谈到了这样的矛盾。在提及英国议会时，他发表了自己的意见：

“从这个时期开始，立法机构一直遵循着我指出的路线。强制性规定迅速增加，仿佛在持续限制着个人的自由。这表现在两个方面。每年都有越来越多的法律被制定出来，对那

①斯宾塞的《人与国家》于1884年出版。

些过去完全自由的行为或事物加以限制，强迫人们去做那些过去可做可不做，但是现在又不能不做的事情。同时，公共负担越来越重，尤其是地方性负担，这就使得公权力可以向公民的收入收取费用，这个费用可以按照自己的喜好不断提高，以此来压缩公民可以自由支配的份额，从而不断压缩个人自有。”

像这种对个人权益日益增加的限制，在不同的国家有不同的表现，只不过赫伯特·斯宾塞没有细说。由于大部分属于限制性的新法案在源源不断地被通过，执法者的数量、权利和影响力也必须大大增加。政府部门的工作人员就很有可能成为文明国家的真正主人，他们会拥有越来越大的权力。尽管政府会不停地换届，但这对公务人员来说并没有太大影响。只有他们不用承担什么责任，不需要强烈的个性，永久地存在，这三个特点集于一身的专政形式，才是最具有压迫性的。

不停地起草、出台限制性法律法规，用最复杂的条条框框把最细微的生活行为和生活琐事包围起来，这样必然会导致公民的自由活动受到限制，他们的行为被压缩在不断坍塌的空间范围内。各个国家都会被这种表面的现象所蒙蔽，认为法律出台得越多，就越能保障公民的自由和平等。其实，各国都被这种幻觉所蒙蔽了。因此，它们每天都在批准着一套套不堪忍受的束缚，就像一张不断扩张的网。它们已经习惯了这种方式，也不能接受没有约束的法律。一旦习惯了忍受越来越重的枷锁，那么人们很快就会变成奴隶，生活就是被奴役的终点，他们丧失了一切自发精神和反抗精神。到了那时，他们就会逐渐堕落成一个个虚幻的人影，被动、消极、顺从，成为一个个有气无力的行尸走肉。

如果到了这个地步，个体发现在自己身上已经找不到之前的力量了，那就必然会在自身之外，也就是在他人身上寻找。公民越来越感到无力，却也不是那么在乎自己的无力，相伴而生的就是政府各部门权力的同步增长，也就是说，公民的麻木和无望与这种权力是成正比的。因此，它们都表现出了个人所没有的主动性、积极性和主导性，政府也需要拿出这种精神。这就要求他们完成一切、指导一切、把一切都纳入自己的保护之下。于是国家变成了全能的上帝。而经验告诉我们，这种神的力量不会持续很久，也不会变得十分强大。

对一些民族来说，各种自由受到了不同程度的制约，尽管法律会带给人们一种错觉，那就是允许人们继续拥有自由。这些法律就像其他任何制度一样，在未来，仅仅因为古老而显示出无比强大的能量。这就是文明衰落的不祥先兆，地球上的任何国家都难逃这个厄运。

根据历史给出的教训，和对各方面的现状和表现进行诊断，结论就是人类的几大现代文明已经达到了极度衰老的时期[①]，这

①作者在本书开头就说过，古老文明已经在逐渐坍塌。

就意味着距离文明的死期已经不远了。所有民族似乎都要不可避免地经历同样的发展阶段，因为我们从宏观上总能看到历史在不停地重演。

对一切文明进化的各个阶段进行简单的概括和说明其实并不难。我将对它们做一个概括，来结束这本书的内容。这样粗线条的勾勒或许能带来一定程度的启发，从而帮助人们理解当前治理国家的命运。

当我们去探究那些伟大而古老的文明的兴衰，并以它们作为研究主线时，我们会发现什么呢？

在文明诞生之初，一群人因为不同的原因聚在一起，或许是因为移民，也可能是因为入侵或征服。他们有着不同的血缘，语言和信仰也各不相同，他们唯一的共同纽带，是领袖制定的规矩，但是人们不可能完全服从。杂居的人群出现了显著的心理群体特征。他们拥有短暂的团结，既表现出了英雄主义，也具备很多种弱点，他们既彪悍又冲动。没有什么东西能够使他们紧密地结合在一起，他们之间没有凝聚力可言，他们只是一群野蛮人。

漫长的岁月就是最好的证明，时间会在最后造就自己的作品。共生的各民族不断融合，不断出现的通婚和共同生活的需要发挥了重要作用。各式各样的小群体开始融合成一个大的整体，他们拥有共同的特征和情感，变成了一个集合体，逐渐形成了一个民族。遗传持续对这一现象进行了加固。当一个较为分散的群体变成了一个民族，它就脱离了原始状态，因为民族有这样的能力。但是只有经过长期的努力、反复的斗争，以及无数次不怕失败的重新再来，获得某种共同的理想之后，它才能脱胎换骨，形成一个更好的民族。在这里，共同理想是什么并不十分重要，无论这种理想是对罗马的崇拜、雅典的强盛还是真主安拉的胜利，都足以让一个民族的所有个体在思想感情上渐渐达到完全的统一。

在这个阶段，会诞生一种新的文明，这种新的文明包含着各种配套的制度、信念和艺术。这个民族的人们在追求理想的过程中，会渐渐得到建立丰功伟业所必备的各种素质和必要属性，为民族的壮大增添光彩和活力。的确，这个民族有时候还是群体，但是从此以后，在动态的群体特征背后，会形成一个较为稳定的基础，那就是民族性格或民族禀性。它将民族的变化限制在了一个狭小的范围内，支配着机遇。

时间完成了自己的创作之后，便开始破坏，不管是神还是人，都无法摆脱它的控制。一个文明的强盛和复杂达到了一定程度之后，就会止步不前，一旦文明止步不前，它就一定会进入衰落阶段，注定要快速老化，这个时候，它的老年期就要来临了。

老年期不可避免，这种不可逃避的时刻，总是以民族支柱性理想的衰弱为标志。与这种理想的衰弱相对应的是，在共同理想的激励下建立起来的宗教、政治和社会结构等，也开始渐渐动摇。

随着古老理想的渐渐消失，整个民族的精神也开始消失，民族日益丧失了自我意识和自我凝聚力。在这个时期，人的个性和智力等能力会有所提高，但是集体凝聚意识会随着个体自我意识的膨胀而渐渐丧失。与此同时，个体的人格和行动力会开始蜕化。他们不是一个民族，更像是一群独立的个体聚集在一起。原来完整的集体变成了一盘散沙，虽然表面上看起来，传统和制度还连接着每一个个体，但实际上已经四分五裂。在这个时期的这个阶段，被不同利益驱使着的人们，不再拥有自我管理和自我治理的能力，即便是碰到最微不足道的事务，也需要求助于别人的指导。于是，国家开始发挥引人注目的支配作用。

随着古老理想的彻底丧失，民族性格也慢慢解体。原来统一的民族变成了一群独立的个体，仿佛又回到了之前最原始的状态——乌合之众。他们既不具有统一性，也看不到任何未来。民族的文明已经具备了群体所拥有的动态性，因此也失去了之前的稳定性，他们只能随波逐流，受制于偶然性。民众为王，拥有至高无上的权力，野蛮之风因此盛行。也许这时的文明看起来依然华丽耀眼，那也许是因为古老的历史赋予的外表依然存在。但实际上，它已经变成了一座正在坍塌的大厦，没有了任何支撑。暴风雨一来，就会立刻土崩瓦解。

在追求理想的过程中，人们从野蛮的方向走来，朝着文明大迈步前进；当追求的理想失去了应有的价值，人们就会从文明走向衰落和灭亡，这就是一个民族生命的循环过程。[①]

点评：

至此，勒庞的《大众心理研究》也就画上了句号。在最后一章里，作者采用了宏观视角，向我们介绍了议会背后那些鲜为人知的规律。正如作者所说，议会是一个异质性群体，他们虽然易受暗示，但也拥有坚不可摧的牢固信念。他们极端固执，又很容易轻信，这种矛盾性使得群体心理更加吸引人们去研究。

议会是一个利用群体心理达到目的的最明显的例子。为了赢得选票，候选人不得不随时考察群体的情绪，满足他们的要求。和陪审团一样，为了打动选民，议会成员们不得不采用演讲艺术的方式，不仅要运用断言、夸张和感染的手段，还需要增加肢体动作，最重要的是，演讲者必须具备一定程度的气场，这样他的影响力和拉票能力才会增加，这是一个不争的事实。由于候选人的对象是群体，所以他们就需要根据群体的特点进行适度调整。

此外，作者还从立法、运行等多种角度介绍了议会的整体情况。随着法律的不断出台，作者提出了这样的疑问：法律制定得越来越多，到底对公民有没有益处？勒庞认为，这样不仅没有益

---

①民族生命的规律就在于，它可以从群体走向一个富有凝聚力的民族，也可以从一个民族回归到最原始的乌合之众。

处，反而会让个体变得麻木不仁，大家会失去越来越多的自由，背负越来越重的枷锁，最终堕落成一个毫无情感和自我意识的机器人。

作者还认为，我们可以通过研究伟大而古老的文明兴衰，发现各国文明的运作规律。当文明发展到一定程度后，就会由盛转衰。理想从建立到消失，影响着每一个个体。当人们越来越注重自我感受和自我意识时，真正的危机就开始出现了。失去了集体凝聚力的民族，仿佛一盘散沙，更像一座正在坍塌的大厦。我们可以通过这个现象发现，每个人都影响着文明的兴盛和衰亡。

《大众心理研究》至此已经全部结束，但是关于群体心理的探索永远不会停止。作者生活的20世纪的法国距离我们已经有一定的年代了，其中的很多观点难免带有时代局限性。此外，关于很多问题，作者的说法都过于绝对，观点也过于偏激，因此我们需要用辩证的眼光去看待这本书。勒庞所概括的群体存在缺乏理性、易受暗示、情绪单向极端等各种问题，这些问题确实同时存在于一些群体的身上，但这并不意味着所有群体都有这样的特点。事实上，我们也可以看到很多身处群体中的个体也能够理性地表达自己的意见，最终得到合理的结论，或者是问题得到合理的结局。

但是，本书也有一些可圈可点的地方。《大众心理研究》是研究群体心理学的开山之作，勒庞用细腻的视角和精准的笔触向我们揭示了世界历史的运行规律，对我们更清楚地认识历史和群体心理学很有帮助。尽管如今的社会已经发生了很大的变化，但是乌合之众所代表的群体心理对指导现代生活，尤其是新闻事件，依然有重要意义。

每个人阅读这本书的目的都不一样，但无论如何，我们要提醒自己，不要去追随乌合之众。这个时代最宝贵的精神就是自我意识和独立思考能力。面对群体，我们能做的其实有很多，如保持清醒、冷静、不盲从等。

不同的时代给人们提供了不同的大环境，我们应该更好地利用现在的和平环境，积极主动地创造更多可能，活出全新的自己，提高自己的能动性和独立性，不断地摆脱人性的劣根性，这样我们的头脑才会更加充实，生活才会更加精彩。